Rudolf Steiner Taschenbücher aus dem Gesamtwerk

Rudolf Steiner

Das menschliche Leben

vom Gesichtspunkte
der Geisteswissenschaft
(Anthroposophie)

und weitere Schriften

RUDOLF STEINER VERLAG
DORNACH/SCHWEIZ

Herausgegeben von der Rudolf Steiner-Nachlaßverwaltung

Die Texte sind enthalten in dem Band der Rudolf Steiner Gesamtausgabe
«Philosophie und Anthroposophie. Gesammelte Aufsätze 1904–1918»
(Bibliographie-Nr. 35, ISBN 3-7274-0350-0)
1. Auflage Dornach 1965

Taschenbuchausgabe
1.–10. Tsd. Dornach 1974
11.–20. Tsd. Dornach 1982

Bestell-Nr. 6120

Zeichen auf dem Umschlag und Titelseite von Rudolf Steiner

Printed in Switzerland by Zbinden Druck und Verlag AG, Basel

ISBN 3-7274-6120-9

INHALT

DIE AUFGABE DER GEISTESWISSENSCHAFT UND DEREN BAU IN DORNACH

Vorwort

Die in dieser Schrift enthaltenen Betrachtungen sind die Wiedergabe eines Vortrages, der von mir gehalten worden ist, nachdem von anderer Seite in einem Vortrage eine Reihe von Einwendungen gegen die Anschauungen vorgebracht worden sind, die ich mit dem Namen Anthroposophie, oder auch Geisteswissenschaft zusammenfasse. Die Einwendungen dieses Vortrages lernte ich dadurch kennen, daß sie der Vortragende selbst in einer Zeitung abdrucken ließ. Es könnte, mit Rücksicht auf diese Veranlassung zu dem von mir in dieser Schrift Vorgebrachten, so erscheinen, als ob deren besondere Veröffentlichung ungerechtfertigt wäre. Dem gegenüber darf gesagt werden, daß die in Frage kommenden Einwendungen, wenn sie auch zunächst nur Gegenstand eines einzelnen Vortrages waren, doch solche sind, mit denen man von vielen Seiten und in zahlreichen Wiederholungen die in dieser Schrift gemeinte Geisteswissenschaft (Anthroposophie) zu widerlegen vermeint. Es waren gewissermaßen typische «Widerlegungen». Sie waren dies nicht nur durch dasjenige, was vorgebracht wurde, sondern auch durch die *Art, wie* man sich zu dem stellte, gegen das die Einwendungen erhoben wurden. Und eben diese Art ist das Bezeichnende. Sie besteht vielfach darin, daß man nicht etwa dasjenige ins Auge faßt, was die gemeinte Geisteswissenschaft sagt, und *dagegen* sich wendet, sondern man zimmert sich ein Bild zurecht nach dem oder jenem, was man *meint,* daß sie sage, und wendet sich dann gegen dieses Bild. Dabei tritt etwas ganz Absonderliches zu Tage. Der Angegriffene kann mit dem Angreifer ganz einverstanden sein in der Verurteilung alles dessen, was angegriffen wird, und er muß doch erfahren, daß man ihn mit dem Zerrbilde, das man von ihm geformt hat, mitverurteilt. – Für diese Art des Angriffs ist ein Beispiel ganz besonders bezeichnend. Den anthroposophischen (geisteswissenschaftlichen) Bestrebungen wird ein Haus gebaut. Dasselbe soll einer «Hochschule für Geisteswissenschaft» dienen. Für diesen Bau wird angestrebt, in der künstlerischen Gestaltung das zu verwirklichen, wozu diese Geisteswissenschaft anregen kann. Der Bau soll künstlerisch zum Ausdruck bringen, wofür er die Umrahmung bildet. Wie das geschieht, darüber kann sicherlich von diesem oder jenem künstlerischen Gesichtspunkte das oder jenes eingewendet werden. Und der Verfasser dieser Schrift ist weit davon entfernt, zu glauben, daß das Angestrebte durch diesen Bau einwandfrei erreicht werden könne. Was er aber von diesem Bau ganz fern zu halten sucht, ist jede Art von unkünstlerischer Symbolik oder Allegorisiererei. Man hat nur nötig, seine Augen zu gebrauchen, um bei Besichtigung dieses Baues gar nichts Symbolisches oder Allegorisches in dem Sinne zu finden, wie man dergleichen oft dort antrifft, wo allerdings nicht Geisteswissenschaft, wie sie in diesem Bau getrieben werden soll, sondern ungesunder Mystizismus oder Ähnliches sich geltend macht. Dies aber hindert nicht, daß einer der Einwände gegen den Bau also gezimmert wird: «wer diesen Bau betritt, dem werden allerlei für den «Nicht-Eingeweihten» unverständliche geheimnisvolle Symbole entgegentreten . . . und so weiter.» Auf solchem Wege gelingt es, das mit dem Bau Gewollte zu bekämpfen; aber nur dadurch, daß man seinen Kampf gegen etwas richtet, was gar nicht vorhanden ist, und was der Angegriffene im entsprechenden Falle ebenso zurückweisen würde, wie es der Angreifer tut. – Aber so gestaltet sich weitaus das meiste, was gegen die gemeinte Geisteswissenschaft vorgebracht wird. Man macht aus ihr erst ein Zerrbild, das jeder wissenschaftlichen Gesinnung Hohn spricht, und bekämpft dann dieses Zerrbild mit den Waffen der Wissenschaft; man bildet ein anderes Zerrbild, das man vom Gesichtspunkte religiöser Empfindung bekämpft, während in Wahrheit kein religiöses Bekenntnis auch nur den geringsten Anlaß haben würde, die in Rede stehende Geisteswissenschaft anders als wohlwollend zu betrachten, wenn sie deren wahre Gestalt statt eines Zerrbildes ins Auge fassen wollte.

Bei solcher Lage der Dinge wird es fast zur Unmöglichkeit, den Angriffen anderes gegenüber zu stellen als die wirklichen Wege und Ziele der anthroposophisch orientierten Geisteswissenschaft. Dies hat mein Vortrag, der dieser Schrift zum Grunde gelegt ist, versucht. Es wird vor allem gezeigt, daß die Angriffe nicht treffen, weil sie auf selbstgemachte Ziele und nicht auf das sich richten, von dem sie sprechen.

So will diese Schrift die wahre Gestalt der Geisteswissenschaft gegenüber der erdichteten zeichnen.

In einem Nachwort soll noch Einiges kurz gesagt werden, was die in der Schrift vorgebrachten Andeutungen erweitert. Wenn in dem Vortrage oftmals «wir» steht, so ist dies, weil ich gewissermaßen als Vertreter des Kreises sprach, der die Anthroposophie pflegt.

Berlin, April 1916 *Rudolf Steiner*

Wenn ich am heutigen Abend versuchen werde, einiges vorzubringen über die sogenannte Geisteswissenschaft, wie sie behandelt werden soll in dem Ihnen ja bekannten Dornacher Bau und über diesen Bau selber, so ist keineswegs meine Absicht, irgendwie Propaganda oder Stimmung zu machen für diese Geisteswissenschaft oder für diesen Bau.

Ich habe vorzugsweise im Auge, gewisse Mißverständnisse, von denen bekannt geworden ist, daß sie über die Bestrebungen der anthroposophischen Gesellschaft vorhanden sind, zu besprechen. Ich möchte mit demjenigen beginnen, wonach eine zunächst mehr oder weniger unbekannte Sache, wenn sie da oder dort auftritt, beurteilt wird. Es ist nur allzubegreiflich, daß derjenige, der einer Sache noch wenig nahe getreten ist, in dem Namen irgend etwas sieht, woraus er die Sache verstehen will. Anthroposophie und Anthroposophische Gesellschaft sind ja Namen, welche mehr, als sie es früher waren, durch den Dornacher Bau bekannt geworden sind. «Anthroposophie» ist keineswegs ein neuer Name. Als es sich vor einer Anzahl von Jahren darum handelte, unserer Sache einen Namen zu geben, da verfiel ich auf einen solchen, der mir lieb geworden war, deshalb, weil ein Philosophie-Professor, dessen Vorträge ich in meiner Jugendzeit gehört habe, *Robert Zimmermann,* sein Hauptwerk «Anthroposophie» genannt hat. Das war in den achtziger Jahren des 19. Jahrhunderts. Übrigens führt der Name Anthroposophie weiter zurück in der Literatur. Man brauchte ihn auch schon im 18. Jahrhundert; ja auch früher. Der Name ist also alt; wir wenden ihn für Neues an. Uns soll der Name nicht bedeuten «Wissen vom Menschen». Das ist die ausdrückliche Absicht derjenigen, die den Namen gegeben haben. Unsere Wissenschaft selbst führt uns zu der Überzeugung, daß innerhalb des Sinnesmenschen ein Geistesmensch lebt, ein innerer Mensch, gewissermaßen ein zweiter Mensch.

Während nun dasjenige, was der Mensch durch seine Sinne und durch den an die Sinnesbeobachtung sich haltenden Verstand über die Welt wissen kann, «Anthropologie» genannt werden kann, soll dasjenige, was der innere Mensch, der Geistesmensch wissen kann, «Anthroposophie» genannt werden.

Anthroposophie ist also das Wissen des Geistesmenschen; und es erstreckt sich dieses Wissen nicht bloß über den Menschen, sondern es ist ein Wissen von allem, was in der geistigen Welt der Geistesmensch so wahrnehmen kann, wie der Sinnesmensch in der Welt das Sinnliche wahrnimmt. Weil dieser andere Mensch, dieser innere Mensch, der Geistesmensch ist, so kann man dasjenige, was er als Wissen erlangt, auch «Geisteswissenschaft» nennen. Und der Name Geisteswissenschaft ist noch weniger neu als der Name Anthroposophie. Er ist nämlich gar nicht einmal selten; und es wäre ein völliges Mißverstehen, wenn irgend jemand glauben würde, daß etwa ich, wie gesagt worden ist, oder irgend jemand mir Nahestehender den Namen Geisteswissenschaft geprägt habe. Geisteswissenschaft wird überall da gebraucht, wo man glaubt, ein Wissen erlangen zu können, das nicht bloß Naturwissen, sondern Wissen von etwas Geistigem ist. Zahlreiche unserer Zeitgenossen nennen die Geschichte eine Geisteswissenschaft, nennen die Soziologie, die Nationalökonomie, die Ästhetik, die Religions-Philosophie Geisteswissenschaften. Wir gebrauchen den Namen nur in etwas anderem Sinne, nämlich in dem, daß uns der Geist etwas Wirkliches, etwas Reales ist, während diejenigen, die heute zumeist sprechen von der Geschichte, von der Nationalökonomie und so weiter als Geisteswissenschaften, den Geist in abstrakte Ideen auflösen.

Ich will nun auch über die Entwickelung unserer Anthroposophischen Gesellschaft einiges sagen, weil darüber Irrtümer verbreitet worden sind. Es wird zum Beispiel gesagt, daß unsere Anthroposophische Gesellschaft nur eine Art von Entwickelung wäre aus dem, was man die «Theosophische Gesellschaft» nennt. Obzwar dasjenige, was wir innerhalb unserer Anthroposophischen Gesellschaft anstreben, eine Zeitlang innerhalb des Rahmens der Allgemeinen Theosophischen Gesellschaft sich gestellt hat, darf doch keineswegs unsere Anthroposophische Gesellschaft mit der Theosophischen Gesellschaft verwechselt werden. Und damit dies nicht geschehe, muß ich einiges, was anscheinend persönlich ist, vorbringen über die allmähliche Entstehung der Anthroposophischen Gesellschaft.

Es war vor etwa fünfzehn Jahren, da wurde ich von einem kleinen Kreise aufgefordert, gewisse geisteswissenschaftliche Vorträge zu halten. Diese geisteswissenschaftlichen Vorträge wurden dann später gedruckt in meinem Buche «Die Mystik im Aufgange des neuzeitlichen Geisteslebens und ihr Verhältnis zur modernen Weltanschauung». Bis dahin hatte ich, ich möchte sagen, in einem einsamen Denkerwege versucht, eine Weltanschauung aufzubauen, die auf der einen Seite voll mit den großen, mit den bedeutsamen Errungenschaften der Naturwissenschaften rechnet, und die auf der anderen Seite sich erheben will zum Einblick in die geistigen Welten.

Ich muß ausdrücklich betonen, daß, als ich dazumal aufgefordert worden bin, über das genannte geisteswissenschaftliche Thema in einem kleineren Kreise Deutschlands zu sprechen, ich mich in nichts an die Schriftstellerin Blavatsky oder an Annie Besant anlehnte oder sie besonders berücksichtigte. Deren Bücher waren durch ihre Betrachtungsweise meiner Weltanschauung wenig entsprechend. Ich hatte, rein aus dem heraus, was ich gefunden hatte, dazumal versucht einige Gesichtspunkte über die geistigen Welten zu geben. Diese Vorträge wurden gedruckt; und sie wurden sehr bald teilweise ins Englische übersetzt, und zwar von einem angesehenen Mitgliede der dazumal besonders in England blühenden Theosophischen Gesellschaft; und von jenem Kreise wurde mir dazumal nahe gelegt, in die Theosophische Gesellschaft einzutreten. Niemals habe ich eine andere Idee gehabt, als die, wenn mir eine Möglichkeit geboten wird innerhalb der Theosophischen Gesellschaft, etwas vorzubringen, es das sein solle, was auf Grundlage einer eigenen, selbständigen Forschungsmethode aufgebaut war.

Was jetzt Inhalt der anthroposophischen Weltanschauung ist, wie sie in unserem Kreise gepflegt wird, das ist nicht von der Theosophischen Gesellschaft entlehnt, sondern es wurde als etwas ganz Selbständiges und einer Aufforderung dieser Gesellschaft zufolge innerhalb derselben von mir vertreten, so lange, bis man es dort ketzerisch fand und ihm den Stuhl vor die Türe setzte; und dasjenige, was so immer ein selbständiges Glied innerhalb jener Gesellschaft war, das entwickelte sich weiter und wurde weiter gepflegt in der nunmehr auch ganz selbständigen anthroposophischen Gesellschaft.

So ist es eine vollständig irrtümliche Auffassung, wenn

man dasjenige, was in der Anthroposophischen Gesellschaft lebt, in irgendeiner Weise verwechselt mit demjenigen, was von Blavatsky und Besant vertreten wird. Blavatsky hat allerdings in ihren Büchern bedeutsame Wahrheiten über die geistigen Welten vorgebracht, allein vermischt mit so viel Irrtum, daß es nur demjenigen, der genau eingedrungen ist in diese Dinge, gelingt, das Bedeutungsvolle vom Irrtümlichen zu trennen. Daher muß unsere anthroposophische Bewegung den Anspruch machen, als etwas völlig Selbständiges aufgefaßt zu werden. Das soll nicht aus Unbescheidenheit vorgebracht werden, sondern nur um eine Tatsache objektiv richtigzustellen.

Dann kam die Zeit, in welcher es nötig wurde, dasjenige, was unsere Geisteswissenschaft, unsere Anthroposophie, gab, durch Lehren, auch in einer künstlerisch dramatischen Form darzustellen. Wir fingen damit an im Jahre 1909 in München. Von da ab haben wir dann bis zum Jahre 1913 jedes Jahr, in dramatischen Darstellungen, in München, versucht, dasjenige zur künstlerischen Darstellung zu bringen, wovon wir nach unseren Forschungen annehmen müssen, daß es als geistige Kräfte, als geistige Wesenheiten, in der Welt lebt.

Diese dramatischen Vorführungen wurden zunächst in einem gewöhnlichen Theater gegeben. Allein bald stellte es sich heraus, daß ein gewöhnliches Theater nicht die richtige Umrahmung sein kann für dasjenige, was da in einer gewissen Weise neu in die geistige Entwickelung der Menschheit eintreten sollte. Und so stellte sich die Notwendigkeit heraus, für solche Aufführungen, überhaupt für den ganzen Betrieb unserer Geisteswissenschaften und geisteswissenschaftlichen Kunst, ein eigenes Gebäude zu haben, ein Gebäude, das auch in seiner Bauform ein Ausdruck ist für dasjenige, was gewollt wird. Zuerst wurde gemeint, daß es gut wäre, einen solchen Bau in München aufzuführen. Als das dann sich als unmöglich oder wenigstens als außerordentlich schwierig erwies, ergab sich für uns die Möglichkeit, diesen Bau in Dornach bei Basel aufzurichten, auf dem wunderschönen Dornacher Hügel, wo uns ein größeres Stück Boden angeboten wurde von einem lieben schweizerischen Freunde, der diesen Boden zur Verfügung hatte, und der unserer Sache zugetan ist. Und so hat sich auch durch ganz leicht begreifliche Umstände ergeben, daß dieser Bau gerade am Nordwest-Ende der Schweiz aufgerichtet worden ist.

Und nun möchte ich, bevor ich ein weiteres über den Dornacher Bau sage, eingehen auf die Aufgabe der Geisteswissenschaft selber. Man kann es durchaus begreiflich finden, daß diese Geisteswissenschaft, die Anthroposophie, wie sie hier gemeint ist, mißverstanden wird. Derjenige, der sich eingelebt hat in diese Geisteswissenschaft, findet es vollständig begreiflich, daß viele Mißverständnisse ihr entgegengebracht werden. Und wer den Gang der Geistesentwickelung der Menschheit kennt, wird sich nicht wundern über solche Mißverständnisse. Urteile wie: das ist eitle Phantasterei, das ist Träumerei oder vielleicht Schlimmeres, – sie sind begreiflich. So, wie diese Geisteswissenschaft, wurden in der Regel diejenigen Dinge aufgefaßt, die in einer ähnlichen Art in die Geistesentwickelung der Menschheit eingetreten sind. Und außerdem kann es sehr leicht scheinen, als ob diese Geisteswissenschaft Ähnlichkeit hätte mit gewissen älteren Weltanschauungen, die in der Gegenwart nicht gerade beliebt sind. Man könnte etwa finden, wenn man das, was Geisteswissenschaft, was Anthroposophie wollen, nur äußerlich anschaut, daß es Ähnlichkeit habe mit dem, was die Gnostiker in den ersten christlichen Jahrhunderten pflegten. Derjenige aber, der wirklich kennen lernt, was unsere Geisteswissenschaft ist, der wird finden, daß sie nicht mehr Ähnlichkeit hat mit der Gnosis, als die Naturwissenschaft der Gegenwart Ähnlichkeit hat mit der Naturwissenschaft aus dem 8. oder 6. Jahrhundert nach Christus. Man kann ja allerdings zwischen allen Dingen Ähnlichkeit finden, wenn man nur genügend viel von dem Unterscheidenden wegdenkt. Wenn man zum Beispiel sagt: Nun, diese Geisteswissenschaft, diese Anthroposophie, will auf eine geistige Art die Welt erkennen. Die Gnostiker wollten auch auf eine geistige Art die Welt erkennen. Folglich sind Geisteswissenschaft und Gnosis ein und dasselbe.

In ähnlicher Weise kann man zusammenwerfen die Anthroposophie, sagen wir mit der Alchemie, mit der Magie des Mittelalters. Das alles beruht auf einem vollständigen Verkennen, auf einem vollständigen Mißverständnis dessen, was diese Geisteswissenschaft, diese Anthroposophie, eigentlich will. Wenn man dies einsehen will, dann muß man zunächst hinblicken auf das, was sich seit drei bis vier Jahrhunderten als neuere naturwissenschaftliche Denkungsweise aus einer ganz anderen Denkungsweise heraus entwickelt hat. Man muß sich klar machen, was es für die Menschheit bedeute, als vor drei bis vier Jahrhunderten jener Umschwung eintrat, den man ausdrücken kann mit den Worten: Bis dahin glaubten die Menschen, Laien und Gelehrte, die Erde stehe still im Weltenall, die Sonne und die Sterne bewegten sich um die Erde. Man kann sagen:

Damals wurde durch dasjenige, was durch Kopernikus, Galilei und andere gelehrt worden ist, den Menschen der Boden unter den Füßen beweglich gemacht. Heute, wo man die Bewegung der Erde als eine Selbstverständlichkeit ansieht, heute hat man gar kein Gefühl mehr davon, wie überraschend das – und alles, was damit zusammenhing – auf die Menschheit gewirkt hat.

Dasjenige nun, was dazumal versucht worden ist für die Naturwissenschaft in der Ausbeutung und Erklärung der Geheimnisse der Natur, das versucht, für den Geist und für das Seelische, die Geisteswissenschaft in der heutigen Zeit. Nichts anderes will diese Geisteswissenschaft in ihren Grundlagen sein, als für das geistig-seelische Leben etwas Ähnliches, wie die Naturwissenschaft es dazumal geworden ist für das äußere Naturleben. Derjenige, der zum Beispiel glaubt, daß unsere Geisteswissenschaft irgend etwas mit der alten Gnosis zu tun habe, der verkennt ganz, daß mit dieser naturwissenschaftlichen Weltanschauung etwas Neues in die Geistesentwickelung der Menschheit eingetreten ist und daß, als Folge dieses Neuen, die Geisteswissenschaft etwas ähnlich Neues für die Erforschung der geistigen Welten sein soll. Nun muß die Geisteswissenschaft, wenn sie für den Geist dasselbe sein will wie die Naturwissenschaft für die Natur, ganz anders forschen als die letztere. Sie muß Mittel und Wege finden, um in das Gebiet des Geistigen einzudringen, das nicht wahrgenommen werden kann mit äußeren physischen Sinnen, nicht begriffen werden kann mit dem Verstande, der an das Gehirn gebunden ist.

Es ist heute noch schwierig, sich verständlich zu machen über die Mittel und Wege, welche die Geisteswissenschaft sucht, um in das geistige Gebiet einzudringen, weil den weitesten Kreisen die geistige Welt, von vornherein, als die unbekannte gilt, ja als diejenige, die unbekannt bleiben muß. Geisteswissenschaft zeigt nun, daß diejenige Erkenntniskraft, welche der Mensch für das gewöhnliche Leben hat, und die er auch in der gewöhnlichen Wissenschaft anwendet, allerdings nicht in die geistige Welt eindringen kann. In dieser Beziehung ist die Geisteswissenschaft in völligem Einklange mit gewissen Richtungen der Naturwissenschaft. Nur kennt die Naturwissenschaft gewisse Fähigkeiten im Menschen nicht, die in ihm schlummern, die aber entwickelt werden können.

Es ist auch schwierig, heute über diese Fähigkeiten zu sprechen, aus dem Grunde, weil sie in weitesten Kreisen verwechselt werden mit allerlei krankhaften Erscheinungen des Menschen. So zum Beispiel spricht man heute vielfach davon, daß der Mensch zu gewissen abnormen Fähigkeiten kommen könne; und der naturwissenschaftlich Gebildete erklärt dann: ja, aber diese Fähigkeiten beruhen nur darauf, daß das sonst normale Nervensystem, das sonst normale Gehirn, abnorm, krankhaft geworden sind. Überall da, wo der Naturforscher recht hat mit einer solchen Aussage, da gibt ihm auch der Geistesforscher ohne weiteres recht. Man sollte aber dasjenige, was die Geisteswissenschaft anstrebt, nicht verwechseln mit dem, was oftmals in weitesten Kreisen, im trivialen Sinne, Hellsehen genannt wird. Man darf auch nicht verwechseln die Geisteswissenschaft mit dem, was auftritt, etwa unter dem Namen des Spiritismus und so weiter. Gerade das ist das Wesentliche, daß diese Geisteswissenschaft unterschieden werde von allem, was irgendwie auf krankhaften Menschheitsanlagen beruht.

Um mich in bezug auf diesen Punkt völlig verständlich zu machen, muß ich, wenigstens in kurzen Angaben, hindeuten darauf, wie der Geistesforscher seine Forschungen anstellt. Es beruht die geisteswissenschaftliche Forschungsart auf etwas, was nichts zu tun hat mit den Seelenkräften des Menschen, insofern diese an die leibliche Organisation gebunden sind. Wenn zum Beispiel gesagt würde: Geisteswissenschaft beruhe auf dem, was sich durch irgendwelche Askese erreichen läßt, oder auf etwas, wofür das Nervensystem in einer gewissen Weise zubereitet, aufgeregt gemacht wird, oder sie beruhe darauf, daß in einer äußeren physischen Weise Geister zur Erscheinung gebracht werden, so wären diese Behauptungen sämtlich ganz unrichtig. Dasjenige, was der Geistesforscher zu tun hat, um sich die Fähigkeit zu erwerben, in die geistige Welt hineinzuschauen, das sind rein geistig-seelische Vorgänge; das hat nichts zu tun mit Veränderungen des Leibes, nichts mit denjenigen Visionen, die dem krankhaften Leibesleben entspringen.

Der Geistesforscher wird in sorgfältiger Weise darauf bedacht sein, daß auf alles dasjenige, was er geistig wahrnimmt, das Leibliche keinen Einfluß habe. Ich erwähne nur nebenbei: wenn eine große Anzahl von Bekennern der Geisteswissenschaft zum Beispiel Vegetarier sind, so ist das eine Geschmackssache, die prinzipiell mit den geistigen Forschungsmethoden nichts zu tun hat. Es hat nur zu tun mit einer gewissen Erleichterung des Lebens, ich möchte sagen, sogar mit einem gewissermaßen bequemlicheren Gestalten des Lebens, weil man leichter arbeiten kann, in geistiger Weise, wenn man kein Fleisch ißt.

Die Hauptsache ist, daß die Geisteswissenschaft mit ihren Forschungswegen da erst beginnt, wo die neuere Naturwissenschaft aufhört. Die Menschheit verdankt dieser naturwissenschaftlichen Weltanschauung, ich möchte sagen, eine Logik, die sich an den Tatsachen der Natur selber erzieht. Eine bedeutsame Schulung ist eingetreten bei denjenigen, die sich mit Naturwissenschaft befaßt haben, in bezug auf die innere Handhabung des Denkens. Ich werde mich jetzt durch einen Vergleich verständlich zu machen suchen über das Verhältnis von geisteswissenschaftlichem und naturwissenschaftlichem Forschen. Das Denken, das der Naturforscher anwendet, ich möchte es vergleichen mit den Formen einer Bildsäule. Die an den äußeren, natürlichen Tatsachen herangebildete Logik hat etwas Totes. Man hat in den Begriffen, in den Vorstellungen, indem man logisch denkt, Bilder. Aber diese Bilder sind nur innerliche Gedankenformen, wie die Formen einer Bildsäule Formen sind.

Nun geht der Geistesforscher von diesem Denken aus. Man findet in meinem Buche «Wie erlangt man Erkenntnisse der höheren Welten?» Anleitungen darüber, was man nun gerade mit dem Denken machen muß, damit es etwas völlig anderes wird, als es im gewöhnlichen Leben und in der gewöhnlichen Wissenschaft ist. Der Geistesforscher entwickelt sein Denken, er nimmt es in eine gewisse, ganz besondere Zucht. Ich kann in diesen kurzen Andeutungen nicht auf die Einzelheiten mich einlassen. Die sind in dem genannten Buche geschildert. Dann, wenn das Denken, wenn die im Menschen waltende Logik, in einer gewissen Art behandelt wird, verändert sich das ganze innere Seelenleben. Dann geschieht etwas, was dieses Seelenleben zu etwas anderem macht, als es sonst ist, und das ich jetzt wieder durch einen Vergleich anschaulich machen will.

Denken Sie einmal, sehr verehrte Anwesende, – es kann natürlich das nicht eintreten, aber nehmen wir an, es würde eintreten –, daß eine Bildsäule, die vorher nur in toten Formen da stand, plötzlich anfinge zu gehen, lebendig zu werden. Die Bildsäule kann es nicht, aber das menschliche Denken, die innere logische Betätigung, die kann das. Durch die vorgenommenen Seelen-Übungen, die der Geistesforscher durchmacht, versetzt er sich in einen solchen Zustand, daß in ihm nicht nur eine gedachte Logik ist, sondern eine lebendige Logik, daß die Logik in ihm selber zu einem lebendigen Wesen wird. Dadurch aber hat er in sich statt der toten Begriffe lebendig Waltendes erfaßt. Er wird durchdrungen von lebendig Waltendem. Und wenn die Geistesforschung, außer dem physischen Leibe, den man mit Augen sieht, noch einen Ätherleib annimmt, dann ist damit nicht irgend etwas Erträumtes gemeint, sondern es ist gemeint, daß der Mensch dadurch, daß er das logische Denken in sich zum Leben aufgerufen hat, innerlich einen zweiten Menschen erlebt. Das ist eine Sache der Erfahrung, zu der man es bringen kann. Aber die muß eben gemacht werden, damit die Wissenschaft vom geistigen Menschen entstehen könne, gerade so wie die äußeren Experimente der Naturwissenschaft gemacht werden müssen, um der Natur ihre Geheimnisse abzulauschen.

Gerade so, wie man das Denken umwandelt, daß es nicht mehr nur zu Bildern führt, sondern innerlich regsam und lebendig wird, so kann man auch den Willen in einer gewissen Weise entwickeln. Die Methoden, wodurch der Wille so behandelt wird, daß man ihn als etwas anderes kennen lernt, als er im gewöhnlichen Leben ist, findet man ebenfalls in dem bereits genannten Buche geschildert.

Durch diese Willensentwickelung kommt dann etwas ganz anderes zustande, als durch die Entwickelung des Denkens. Wenn man im gewöhnlichen Leben etwas will, wenn man arbeitet, dringt der Wille gleichsam in die menschlichen Glieder ein. Man sagt: Ich will, man bewegt die Hände; aber nur in dieser Bewegung kommt der Wille zum Ausdruck. In seinem Wesen bleibt er eigentlich unbekannt. Aber man kann, wenn man sich in einer gewissen Weise übt, den Willen loslösen von seinem Verbundensein mit den Gliedern. Man kann den Willen, allein für sich, erleben. Das Denken kann man rege machen, so daß es ein inneres Lebendiges wird, eine Art Ätherleib. Den Willen kann man herausschälen, lostrennen von seinem Zusammenhange mit der Leiblichkeit, und dann erlebt man, daß man in einem noch viel höheren Sinne einen zweiten Menschen in sich hat als beim Denken. Durch die Entwickelung des Willens erlebt man, daß man einen zweiten Menschen in sich hat, der ein eigenes Bewußtsein hat. Wenn man in entsprechender Weise an seinem Willen arbeitet, dann tritt etwas ein, das ich nur klar machen kann, wenn ich daran erinnere, daß es im gewöhnlichen Leben zwei abwechselnde Zustände gibt: Wachen und Schlafen. Wachend lebt der Mensch bewußt; während des Schlafes hört das Bewußtsein auf.

Nun, zunächst ist es eine bloße Behauptung, wenn man sagt, das Seelisch-Geistige, das hört aber nicht auf zwischen dem Einschlafen und Aufwachen. Aber es ist direkt nicht mehr in dem Leibe, es ist außerhalb desselben. Der Geistesforscher bringt es dahin, daß er sein Leibesleben willkürlich so gestalten kann, wie es unwillkürlich beim Einschlafen sich gestaltet. Er gebietet den Sinnen, dem gewöhnlichen Verstande Stillstand. Er erreicht dies durch Entwickelung des Willens. Und dann tritt das ein, daß man gewissermaßen willkürlich denselben Zustand hervorruft, den man sonst unwillkürlich als Schlafzustand hat. Doch ist andererseits das, was man jetzt hervorgerufen hat, auch völlig entgegengesetzt dem Schlafzustand. Während man im Schlafe unbewußt wird, nichts weiß von sich und der Umgebung, tritt man dadurch, daß man den Willen in der angedeuteten Art entwickelt hat, bewußt aus seinem Leibe heraus; man schaut den Leib außer sich, so wie man sonst einen äußeren Gegenstand außer sich wahrnimmt. Da merkt man: In dem Menschen lebt ein wesenhafter Zuschauer seines Denkens und Tuns. Das ist kein Bild, kein bildlicher Ausdruck, sondern das ist eine Wirklichkeit. In unserem Willen lebt etwas, was fortwährend uns innerlich beobachtet. Man kann diesen inneren Zuschauer leicht wie etwas bildhaft Gemeintes ansehen; der Geistesforscher kennt ihn als eine Wirklichkeit, wie Sinnesgegenstände Wirklichkeiten sind. Und wenn man diese zwei hat: den beweglichen Denkmenschen, den Äthermenschen, und diesen inneren Zuschauer, dann hat man sich in eine geistige Welt hineingestellt, die man wirklich erlebt, wie man mit den Sinnen die sinnliche Welt erlebt. Man findet so in dem Menschen einen zweiten Menschen, wie man den Sauerstoff im Wasser durch die naturwissenschaftlichen Methoden findet.

Was das entwickelte Denken erreicht, sind nicht Visionen, sondern geistige Anschauungen von Wirklichkeiten; was man durch den entwickelten Willen erreicht, sind nicht gewöhnliche Seelenerlebnisse, sondern es ist die Entdeckung eines anderen Bewußtseins, als es das gewöhnliche ist. Es wirken nun aufeinander: der Mensch, der bewegliche Logik ist, und der andere Mensch, der ein höheres Bewußtsein ist. Wenn man diese im Menschen kennen lernt, dann kennt man dasjenige, was vom Menschen vorhanden ist auch dann, wenn sein physischer Leib zerfällt, wenn der Mensch durch die Pforte des Todes geht. Man lernt dasjenige Wesen im Menschen kennen, das nicht durch den äußeren Leib wirkt, das geistig-seelisch ist, das nach dem Tode vorhanden sein wird, das auch vor der Geburt, oder sagen wir vor der Empfängnis, vorhanden war. Man lernt das ewige Wesen des Menschen so kennen, daß man es gleichsam herausgebildet hat aus dem gewöhnlichen sterblichen Menschen, wie man durch einen chemischen Prozeß den Sauerstoff aus dem Wasser herausbilden kann.

Alles das, was ich Ihnen jetzt vorgebracht habe, muß selbstverständlich gegenwärtig noch als phantastisch angesehen werden; es ist in bezug auf die gewohnten Darstellungen ebenso phantastisch, wie es phantastisch erschien, als Kopernikus gesagt hat: Nicht die Sonne bewegt sich um die Erde herum, sondern die Erde bewegt sich um die Sonne herum. Doch, was so phantastisch erscheint, ist eigentlich nur ein Ungewohntes. Es handelt sich nicht darum, daß mit dem was eben auseinandergesetzt worden ist, irgend etwas Erdachtes, Erträumtes gesagt wird, sondern es handelt sich darum, daß das Geistige wirklich durch innere Erlebnisse als Tatsache erfahren wird. Der Geistesforscher spricht nicht einfach vom Wesen des Menschen, indem er aufzählt: der Mensch besteht aus einem physischen Leibe, Ätherleib, Astralleib und so weiter, sondern er zeigt, wie dasjenige, was menschliche Natur ist, zerfällt, wenn man es vollständig betrachtet, in gewisse Glieder, aus denen es gebildet ist.

Und es ist, wenn man die Sache ihrem Grundwesen nach betrachtet, nichts in üblem Sinne Magisches oder Mystisches gemeint mit diesen Gliedern der menschlichen Wesenheit. Es zeigt eben die Geisteswissenschaft, daß der Mensch aus einzelnen Nuancen des menschlichen Wesens, aus einzelnen Schattierungen desselben besteht. Und das ist auf einem höheren Gebiete nichts anderes, als auf einem niederen die Tatsache ist, daß man das Licht so wirken lassen kann, daß es in sieben Farben erscheint. Wie das Licht in sieben Farben zergliedert werden muß, damit man es studieren kann, so muß man den Menschen in seine Teile gliedern, damit man ihn wirklich studieren kann.

Man sollte nicht erwarten, daß man das, was geistig ist, vor die Augen, vor die Sinne bringen kann. Es muß innerlich, geistig erlebt werden. Und wer das innerliche Erleben, das geistige Erlebnis, überhaupt nicht als Tatsache gelten lassen will, dem wird alles Reden des Geistesforschers nur leeres Wortgeplänkel sein. Für denjenigen, der die geistigen Tatsachen kennen lernt, sind sie Wirklichkeiten in einem viel höheren Sinne als die physischen Tatsachen Wirklichkeit sind. Wenn die Pflanze wächst und Blüten und Früchte entwickelt hat, so entwickelt sich aus dem Pflanzenkeime wieder eine neue Pflanze; und man weiß, wenn man den Keim kennen lernt, es hat der Keim die ganze Kraft der Pflanze in sich, und eine neue Pflanze entsteht aus diesem Keime.

Das Geistig-Seelische muß man aus geistig-seelischen Tatsachen heraus kennen lernen. Dann weiß man: In dem lebendigen Denken, das von dem aus dem Willen gelösten Bewußtsein erfaßt wird, hat man einen Lebenskeim erkannt, der durch die Pforte des Todes schreitet, durch die geistige Welt nach dem Tode geht und dann wieder zum Erdenleben zurückkehrt. Und so wahr, als der Pflanzenkeim eine neue Pflanze entwickelt, so wahr entwickelt das, was da im Menschen als Wesenskern ist, ein neues Erdenleben. Man sieht diesen neuen Menschen im gegenwärtigen Menschen, denn er wird innerlich lebendig.

Die Naturwissenschaft hat Methoden, gewisse Ereignisse zu berechnen, die in der Zukunft eintreten. Man kann aus dem Stand, aus dem gegenseitigen Verhältnis des Sonnen- und des Mondenstandes, berechnen, wann in der Zukunft Sonnen- und Mondenfinsternisse eintreten werden. Man braucht nur die entsprechenden Faktoren zu kennen, so kann man berechnen, wann in Zukunft eine gewisse Sternenkonstellation eintreten wird. Da muß man, weil man es mit dem äußeren Raume zu tun hat, es so machen, daß man die Mathematik anwendet. Aber dasjenige, was man innerlich als Lebenskeim erlebt, das enthält auch in lebendiger Art den Hinweis auf die künftigen Erdenleben. Wie in den gegenwärtigen Verhältnissen von Sonne und Mond der Hinweis auf künftige Sonnen- und Mondenfinsternisse liegt, so liegt in dem, was jetzt in uns lebt, der Hinweis auf zukünftige Erdenleben. Man hat es da nicht zu tun mit dem, was im Sinne älterer Anschauungen etwa Seelenwanderung genannt wird, sondern man hat es zu tun mit etwas, was die neuere Geistesforschung aus den Tatsachen des geistigen Lebens, die erforscht werden können, findet.

Nun müssen gewisse Dinge sorgfältig ins Auge gefaßt werden, wenn man die eigentlichen Grundlagen der Geistesforschung verstehen will. Daß Denken und Wollen in der angedeuteten Art behandelt werden, dadurch gelangt man dazu, mit seinem Geistig-Seelischen herauszutreten aus dem Leibe. Man ist dann außer dem Leibe; und so, wie man sonst die äußeren Dinge vor sich hat, so hat man seinen eigenen physischen Leib vor sich. Aber das Wesentliche ist, daß man ihn auch wirklich immer beobachten kann. Und wenn es sich um Geistesforschung im wahren Sinne des Wortes, so wie sie hier gemeint ist, handelt, dann darf niemals das eintreten, was bei irgendeinem krankhaften Seelenleben eintritt. Was ist denn das Charakteristische bei einem abnormen oder krankhaften Seelenleben? Wenn jemand in einen hypnotischen Zustand oder in eine sogenannte Trance, wie man gewisse Zustände nennt, versetzt wird, und aus dem Unterbewußten heraus spricht, was oft als eine Art von Hellsehen bezeichnet wird, dann ist das Wesentliche dabei, daß das gewöhnliche Bewußtsein nicht da ist, während das veränderte Bewußtsein sich betätigt. Es hat sich das erstere umgewandelt in ein herabgedämpftes, abnormes Bewußtsein. Man wird beim abnormen und krankhaften Seelenzustand niemals sagen können: Neben diesem Seelenzustand ist der gesunde gleichzeitig da, – denn dann würde der Mensch ja nicht krank oder abnorm sein.

Bei der wirklichen Geistesforschung ist es so, daß der Mensch zu einem veränderten Bewußtsein kommt, daß er aber als normaler Mensch fortwährend neben sich steht. Der Zustand, in dem der geistige Forscher ist, der entwickelt sich nicht *aus* dem gewöhnlichen normalen Seelenleben *heraus*, wenn er richtig ist, sondern *nebenher*. Wenn jemand ein richtiger Geistesforscher ist, dann lebt er während seines Forschens außerhalb seines Leibes; aber sein Leib mit allen normalen Seelenverrichtungen, mit dem gewöhnlichen Verstande, der ganz und gar normal bleibt, wirkt ungestört weiter. Der Mensch bleibt, wenn er ein wahrer Geistesforscher ist, trotzdem er mit dem, was er in sich entwickelt hat, aus seinem Leibe herausgetreten ist, ein normaler Mensch, dem derjenige, der nicht selber in eine Geistesforschung eintreten kann, wahrhaftig nicht anzusehen braucht, daß er in einer anderen Welt lebt. Neben dem Hypnotisierten ist nicht der nicht Hypnotisierte da, neben dem Menschen, der ein krankhaftes Seelenleben entwickelt, ist nicht der Mensch mit dem normalen Seelenleben da. Das aber ist gerade das Charakteristische, daß während des geistigen Forschens der normale Zustand des Menschen vollständig bestehen bleibt.

Gerade dadurch aber ist der Geistesforscher in der Lage, genau dasjenige, was wahre Geistesforschung ist, zu unterscheiden von dem, was auftritt in irgend welchen krankhaften Seelenzuständen. Ein anderer Irrtum entsteht, wenn gemeint wird, Geistesforschung habe etwas gemein mit dem gewöhnlichen Spiritismus. Es soll nicht damit gesagt werden, daß durch den Spiritismus nicht allerlei Tatsachen gefunden werden können; allein die gehören zur Naturwissenschaft, nicht zur Geisteswissenschaft, denn dasjenige, was durch den Spiritismus gefunden wird, das wird vor die äußeren Sinne hingestellt, sei es durch Materialisationen, sei es durch Klopftöne oder dergleichen. Was vor die Sinne treten kann, gehört der Naturwissenschaft an. Dasjenige, was dem Geistesforscher als Objekt sich ergibt, das ist geistig-seelisch; und es kann nicht äußerlich, im Raume zum Beispiel dargestellt werden; es muß innerlich erlebt werden. Durch das geschilderte innere Erleben bildet sich eine umfassende Geisteswissenschaft, die nicht nur aufklärt über das Wesen des Menschen, über das Durchgehen durch wiederholte Erdenleben, sondern welche auch aufklärt über dasjenige, was, als geistige Welten und als geistige Wesen, der Natur zu Grunde liegt. Eintreten kann die Geistesforschung in diejenige Welt, die der Mensch durchmacht nach seinem Tode. Nur soll man nicht glauben, daß dasjenige, was in gewissem Sinne als abnorme Fähigkeiten des gewöhnlichen Lebens auftritt, in der Geisteswissenschaft einen besonderen Wert hat. Man redet heute vielfach davon, daß stattfinden kann Fernwirkung der Gedanken. Es soll jetzt nicht eingetreten werden in all das hierauf bezügliche Für und Wider. Die Menschen müssen sich ja im Laufe der Zeit an vieles gewöhnen. Gerade unsere jetzige Zeit hat ernsten Forschern es abgerungen, die Bedeutung der Wünschelrute kennen zu lernen, die jetzt in einem so ausgiebigen Sinne verwendet wird, und über die einer der allernüchternsten Forscher jetzt gerade wichtige Versuche macht, um herauszubekommen, unter welchem Einflusse ein Mensch lebt, der durch die Wünschelrute irgend welche Erfolge hat. Aber das alles gehört in das Gebiet der feineren Naturwissenschaft. Ebenso gehört in das Gebiet der feineren Naturwissenschaft, daß Gedanken, die der Mensch hegt, auf einen anderen Menschen in der Ferne wirken können. Aber die wahre Geistesforschung kann solche Kräfte nicht dazu verwenden, um Erkenntnisse über die geistig-seelische Welt zu erlangen. Derjenige verkennt die Geisteswissenschaft vollständig, der glaubt, daß sie die Lehre von der Fernwirkung als etwas anderes ansieht, als den Teil einer verfeinerten Physiologie, einer verfeinerten Naturwissenschaft.

Geisteswissenschaftliche Forschungsart darf nicht mit demjenigen verwechselt werden, was heute als Spiritismus auftritt. Wenn Geisteswissenschaft gedenkt der menschlichen Seelen, die zwischen dem Tode und einer neuen Geburt ein rein geistiges Leben in einer geistigen Welt durchmachen, so weiß diese Geisteswissenschaft, daß diese Seelen, in einem rein seelischen Zustande, in der geistigen Welt sind. Es kann nun das, was im Leibe des Menschen ein Geistig-Seelisches ist, sich so zu den Toten wenden, daß ein realer Zusammenhang mit diesen erreicht wird. Aber die Hinwendung zu dem Toten muß selbst einen rein geistigseelischen Charakter haben. Das zeigt die Geisteswissenschaft. Und da kann dasjenige, was Hinlenkung des eigenen Seelenlebens zu den teueren Toten ist, schon während man selber noch in der physischen Welt ist, eine tiefe Bedeutung gewinnen. Keinem religiösen Bekenntnisse kann es widersprechen, wenn gerade durch die geisteswissenschaftliche Weltanschauung das Andenken an die Toten, das tätige Zusammenleben mit den Toten, in dieser Weise gepflegt wird, wenn Geisteswissenschaft anregt, dieses Zusammenleben mit den Toten zu pflegen. Dabei muß immer daran gedacht werden, daß der Tote nur dann wahrnehmen werde, was wir in unseren Seelen für ihn hegen, wenn er den Zusammenhang mit uns will. Auch das zeigt die Geistesforschung. Und irgendwie eine Macht auszuüben über den Toten, das liegt gerade dem Geistesforscher vollständig ferne. Der Geistesforscher weiß ganz gut, daß der Tote in einer Sphäre lebt, in der andere Willensverhältnisse sind als die in der physischen Welt; und der Geistesforscher würde, wenn er in die geistige Welt mit dem eindringen wollte, was er hier entwickeln kann innerhalb der physischen Welt, sich so vorkommen, wie – um einen Vergleich zu gebrauchen – es erschiene, wenn eine Gesellschaft hier säße und plötzlich aus den Untergründen ein Löwe erschiene und Unheil anrichtete. Solches Unheil wäre die Folge, wenn ein Erdenmensch in ungehöriger Weise in das Leben der Toten eindringen würde. Von einem Zitieren der Toten, wie es etwa im Spiritismus versucht wird, kann innerhalb der Geisteswissenschaft deshalb nicht die Rede sein, weil gerade das Verhältnis der Lebenden zu den Toten in einer wunderbaren Weise verklärt wird durch dasjenige, was die Geisteswissenschaft in unseren Seelen anregt. Und da unter den mancherlei Irrtümern, die gegen unsere Geisteswissenschaft vorgebracht werden, sogar dieser ist, daß die Geisteswissenschaft irgendwie eine Berührung mit dem Spiritismus, gerade mit Bezug auf die Toten hat, so ist es schon notwendig, daß dieses Mißverständnis schärfer betont wird. Es wird in bezug darauf nichts anderes als das gerade Gegenteil des Richtigen mit Bezug auf die Geisteswissenschaft behauptet.

Wie gesagt, nicht irgendwie Stimmung oder Propaganda machen möchte ich für unsere Sache, sondern nur Mißverständnisse, von denen ich weiß, daß sie herrschen, möchte ich besprechen, und in möglichst deutlicher Weise möchte ich hindeuten darauf, wie sich die Geisteswissenschaft zu diesen Dingen verhält.

Nun, es wird auch gefragt – und diese Frage wird sogar als eine naheliegende bezeichnet –, wie Geisteswissenschaft oder Anthroposophie zu dem religiösen Leben des Menschen steht. Sie wird aber ihrer ganzen Wesenheit nach *nicht* in irgendein religiöses Bekenntnis, in das Gebiet irgendeines religiösen Lebens unmittelbar eingreifen. Ich möchte mich in dieser Beziehung in der folgenden Weise vielleicht klar machen. Nehmen wir an, wir haben es mit Naturwissenschaft zu tun. Wir werden uns nicht einbilden, dadurch, daß wir ein Wissen von der Natur gewinnen, irgend etwas in der Natur selber schaffen zu können. Das Wissen der Natur schafft nicht irgend etwas in der Natur. Wir werden uns auch nicht einbilden, dadurch, daß wir ein Wissen von den geistigen Verhältnissen gewinnen, etwas in den geistigen Tatsachen schaffen zu können. Wir beobachten die geistigen Verhältnisse. Geisteswissenschaft sucht hinter die Geheimnisse der geistigen Weltverhältnisse zu kommen. Religionen sind im geschichtlichen Leben der Menschheit Tatsachen. Geisteswissenschaft kann sich auch allerdings darauf erstrecken, die geistigen Erscheinungen, die im Laufe der Weltentwicklung als Religion auftraten, zu betrachten. Allein Geisteswissenschaft kann niemals eine Religion schaffen wollen, ebensowenig wie sich die Naturwissenschaft der Illusion hingibt, etwas in der Natur zu schaffen. Daher werden in dem Kreise der geisteswissenschaftlichen Weltanschauung in allertiefstem Frieden und in vollständiger Harmonie die verschiedensten Religionsbekenntnisse zusammenleben und nach der Erkenntnis des Geistigen streben können; – so streben können, daß dasjenige, was der Einzelne als religiöse Überzeugung trägt, nicht dadurch in irgendeiner Weise beeinträchtigt wird. Auch nicht die Intensität in der Ausübung seines religiösen Bekenntnisses und seines religiösen Kultus braucht in irgendeiner Weise beeinträchtigt zu werden durch dasjenige, was der Mensch in der Geisteswissenschaft findet. Man muß vielmehr sogar sagen, Naturwissenschaft, so wie sie aufgetreten ist in der neueren Zeit, hat vielfach die Menschen weggeführt von einem religiösen Begreifen des Lebens, von innerer, wahrer Religiosität. Und gerade das ist eine Erfahrung, die wir mit der Geisteswissenschaft machen, daß diejenigen Menschen, die durch die naturwissenschaftlichen Halbwahrheiten allem religiösen Leben entfremdet werden, durch die Geisteswissenschaft gerade wieder zu diesem Leben hingeführt werden können. Niemand braucht irgendwie abgewendet zu werden von seinem religiösen Leben durch die Geisteswissenschaft. Daher kann man auch nicht davon sprechen, daß die Geisteswissenschaft als solche ein religiöses Bekenntnis sei. Weder will sie ein religiöses Bekenntnis schaffen, noch will sie den Menschen irgendwie verändern in bezug auf dasjenige, was er als sein religiöses Bekenntnis hat. Dennoch scheint es, als ob man sich Gedanken machte über die Religion der Anthroposophen. In Wahrheit kann man in solcher Art gar nicht sprechen, denn innerhalb der Anthroposophischen Gesellschaft sind alle Religionsbekenntnisse vertreten; und keiner wird durch sie gehindert werden, sein religiöses Bekenntnis auch praktisch in der vollsten, umfänglichsten und intensivsten Weise zu betätigen. Geisteswissenschaft will nur die ganze Welt in ihre Betrachtung einbeziehen; sie will auch das geschichtliche Leben betrachten, auch dasjenige, was an höchster Geistigkeit in das geschichtliche Leben eingetreten ist. Daß sie aus diesem Grunde auch Betrachtungen über die Religionen anstellt, das widerspricht durchaus nicht demjenigen, was ich eben ausgesprochen habe. Und so kommt es, daß die geisteswissenschaftliche Weltbetrachtung in gewisser Beziehung den Menschen vertiefen muß, auch in bezug auf die Gegenstände des religiösen Lebens.

Aber wenn zum Beispiel es geschieht, daß dieser Geisteswissenschaft vorgeworfen wird, sie spreche nicht von einem persönlichen Gotte, wenn gesagt wird, daß ich selber es vorzöge, von der Gottheit, nicht von Gott zu sprechen, wenn die Behauptung getan wird, als ob dasjenige, was als das Göttliche bezeichnet wird, in der Geisteswissenschaft einen ähnlichen Charakter annehme wie im Pantheismus der Monisten oder Naturalisten, so ist von alle dem das Gegenteil richtig. Gerade der Umstand, daß man in der Geisteswissenschaft zu realen geistigen Wesenheiten geführt wird, auch zu der realen Wesenheit, die der Mensch nach dem Tode ist, gerade dadurch, daß man zu konkreten, zu wirklichen geistigen Wesen geführt wird, kommt man auch zu einem vollständigen Verstehenkönnen, wie ungereimt es ist, zu einem Pantheismus sich zu bekennen, wie widersinnig es ist, die Persönlichkeit in Gott leugnen zu wollen. Im Gegenteil, dazu kommt man, einzusehen, daß man nicht nur von der Persönlichkeit, sondern sogar von einer Überpersönlichkeit Gottes sprechen kann. Die gründlichste Widerlegung des Pantheismus kann gerade durch die Geisteswissenschaft gefunden werden.

Und kann es ein Vorwurf sein, sehr verehrte Anwesende, daß der Geistesforscher nur mit tiefer Ehrfurcht dann spricht, wenn er aus den Empfindungen, die seine Wissenschaft in ihm anregt, scheu zu dem Göttlichen hindeutet? Wie oft wird im Kreise unserer Freunde gesagt: «In Gott leben, weben und sind wir.» Und derjenige, der da will Gott mit einem Begriffe umfassen, der weiß nicht, daß alle Begriffe Gott nicht umfassen können, weil alle Begriffe in Gott sind. Aber Gott anzuerkennen, als ein Wesen, das in einem viel höheren Sinne noch als der Mensch, in einem Sinne, den man auch durch Geisteswissenschaft nicht einmal voll ahnen kann, Persönlichkeit hat, das wird insbesondere durch die Anthroposophie so recht den Menschen, ich möchte sagen, natürlich. Religiöse Begriffe werden durch die Geisteswissenschaft nicht im pantheistischen Sinne vernebelt, sondern, ihrer Wesenheit nach, vertieft. Wenn man doch davon spricht, daß Gott auch in unserem eigenen Herzen, in unserer eigenen Seele sich offenbart, so ist das ja die Überzeugung vieler religiöser Leute. Und immer wieder wird in der Geisteswissenschaft gesagt, davon könne keine Rede sein, dadurch den Menschen etwa vergotten zu wollen.

Ich habe oftmals ein Gleichnis ausgesprochen, indem ich sagte: ein Tropfen aus dem Meere genommen sei Wasser, – sage ich dann: der Tropfen sei das Meer? Wenn ich sage: in der einzelnen menschlichen Seele spreche etwas Göttliches, ein Tropfen aus dem Meere des unendlichen Göttlichen – sage ich da irgend etwas, was die einzelne menschliche Seele vergöttlicht? Sage ich irgend etwas, was die Natur in pantheistischer Weise zusammenbringt mit Gott? Nie und nimmer. Und schließlich, wenn aus gewissen Grundempfindungen heraus, die gerade durch die Geisteswissenschaft angeregt werden, in scheuer Ehrfurcht der Name Gottes nicht genannt, sondern umschrieben wird, darf das eigentlich, vom religiösen Standpunkte aus, getadelt werden? Ich frage: Heißt nicht sogar eins der zehn Gebote: «Du sollst den Namen Gottes nicht unehrerbietig aussprechen?» Könnte es nicht gerade eine Anregung aus der Geisteswissenschaft heraus sein zu einer treuen Erfüllung dieses Gebotes, wenn der Name Gottes nicht fortwährend auf der Zunge geführt wird?

Und der Christusname und das Christuswesen? Sehr verehrte Anwesende, gerade die Geisteswissenschaft ist es, von der auch gesagt werden darf, daß sie alle Anstrengungen macht, die Christuswesenheit zu begreifen, und daß sie dabei niemals in irgendwelchen Zwiespalt kommt mit demjenigen, was, aus wahren Grundlagen heraus, irgendein religiöses Bekenntnis entwickelt. Nun begegnet einem, gerade auf diesem Gebiete, etwas höchst Eigentümliches. Es kommt da zum Beispiel jemand und sagt, er habe diese oder jene Auffassung, diese oder jene Empfindung von dem Christus, von dem Jesus, und dann sagt man ihm: Gewiß diese Empfindung anerkenne man als vollberechtigt; nur führt die Geisteswissenschaft dazu, noch manches andere über Christus zu denken. Sie leugnet das Deine nicht, sie nimmt das Deine hin. Nur muß sie noch manches andere hinzufügen.

Gerade dadurch, daß die Geisteswissenschaft den geistigen Blick, das Seelenauge erweitert über die geistige Welt, dadurch zum Beispiel ist es notwendig, in demjenigen Wesen, zu dem der Christ als seinem Christus aufschaut, nicht nur denjenigen zu erkennen, der über die Erde hingegangen ist, sondern dieses Wesen auch in einen Zusammenhang mit dem gesamten Kosmos zu bringen. Und dann ist wieder manches andere die Folge. Aber nichts, was die Folge ist, nimmt der Christuserkenntnis etwas, sondern nur hinzugefügt wird etwas demjenigen, was der Religiöse, der wahrhaft christlich Religiöse über den Christus zu sagen hat. Und niemals erscheint es einem als Geistesforscher anders, wenn jemand den geisteswissenschaftlichen Begriff des Christus-Jesus angreift, als wenn jemand kommt und sagt: Ich habe dies oder jenes, was ich von Christus auszusagen habe; glaubst du das? Man sagt ihm Ja. «Ja, aber du glaubst nicht nur dies, sondern auch noch etwas anderes!» Das erlaubt er einem nicht. Er begnügt sich nicht damit, daß man dasjenige zugibt, was er vertritt, sondern er verbietet einem, noch Herrlicheres, noch Größeres von dem Christus auszusagen, als er selber aussagen will.

Kann es denn in Wahrheit ein Ketzerisches sein, wenn die Geisteswissenschaft, aus ihren Grundlagen, aus der Beobachtung desjenigen, was als Geist durchwaltet den ganzen Erdenlauf in bezug auf die menschliche und sonstige Entwickelung – wenn aus all dem die Geisteswissenschaft darauf kommt, zu sagen: Dieses ganze Erdensein hätte für das Weltall keinen Sinn, wenn sich innerhalb dieses Erdendaseins nicht das Mysterium von Golgatha zugetragen hätte? Ja, der Geistesforscher muß sagen: Wenn irgend welche Bewohner ferner Welten herunterschauen könnten auf die Erde und könnten anschauen, was die Erde ist, sie würden keinen Sinn innerhalb der ganzen Entwickelung der Erde sehen, wenn nicht auf dieser Erde Christus gelebt hätte, gestorben und auferstanden wäre. Das Ereignis von Golgatha gibt dem Erdenleben Sinn und Inhalt für die ganze Welt. Wenn Sie sich einlassen würden auf die Geistesforschung, würden Sie sehen, daß die Christusverehrung, die Hingabe an den Christus, nicht geringer werden kann durch diese Forschung, sondern im Gegenteil nur erhöht werden kann.

Es drängt die Zeit, und ich kann nicht eingehen auf mancherlei, was sich noch als Mißverständnis verbreitet hat über diese oder jene Gedanken, die da herrschen sollen im Kreise der Anthroposophen – wie man sie auch nennt, obwohl man das Wort besser vermeiden sollte und nur von Anthroposophie sprechen sollte – über die Bibel. Da handelt es sich darum, daß man ein sehr guter Geistesforscher sein kann, ohne überhaupt irgendwie hinzunehmen dasjenige, was, allerdings auf bestimmten Grundlagen, für diejenigen Kreise unserer Gesellschaft gesagt wird, die gerade etwas wissen wollen über die Evangelien oder die Bibel überhaupt. Wenn aber das darüber Gesagte im Zusammenhange gelesen wird, so wird man jedenfalls finden, daß zum Beispiel der Unsinn von mir niemals ausgesprochen worden ist, die wiederholten Erdenleben könnten aus der Bibel bewiesen werden durch die Stelle, wo über Nathanael gesprochen wird. Da wurde behauptet, ich meinte, wenn der Christus sagt: «Ich habe dich schon unter dem Feigenbaume sitzen sehen», so deute er auf eine frühere Inkarnation, in der er Nathanael unter dem Feigenbaume habe sitzen sehen. Ich kann, wenn diese Dinge als Mißverständnisse heute durch die Welt schwirren, nur das eine tun: mich darüber verwundern, wie solche Dinge überhaupt aus dem, was wirklich gesagt worden ist, haben entstehen können. Gerade das sind die Beweise dafür, wie dasjenige, was wirklich gesagt wird, wenn es von Mund zu Ohr weitergetragen wird, geändert wird in der mannigfachsten Weise, und wie das Gegenteil – denn in diesem Falle ist es wahrhaftig das Gegenteil, das herausgekommen ist, – von dem, was gesagt worden ist, mir angedichtet wird.

Ich will mich jetzt nicht darauf einlassen, andere Mißverständnisse zu widerlegen, die leicht widerlegt werden könnten. Ich will nur noch über das eine sprechen, das zum Beispiele sehr leicht gesagt werden könnte: Ja, wie hältst du es denn damit, daß man in der Bibel nichts findet über die wiederholten Erdenleben? Es könnte sein, daß jemand sagt: Er könne nicht an diese wiederholten Erdenleben glauben, aus dem einfachen Grunde, weil seiner Überzeugung nach ein Widerspruch sei zwischen der Annahme dieser wiederholten Erdenleben, zu der sich ja allerdings Geister wie Lessing zum Beispiel bekannt haben, und dem, was in der Bibel steht.

Nun, die wiederholten Erdenleben wird man erkennen als eine wissenschaftliche, eine geisteswissenschaftliche Tatsache, und über das Verhältnis einer solchen geisteswissenschaftlichen Tatsache, die einmal gefunden werden mußte, zur Bibel, wird man lernen können, in der folgenden Weise zu denken. Könnte man es für möglich halten, daß jemand sagte, er glaube nicht, daß es Amerika gibt, weil in der Bibel nicht steht, daß es Amerika gibt? Oder glaubt man deshalb der Bibel irgendeinen Abbruch zu tun, daß man sagt: Ich finde es vollständig mit meiner Bibelverehrung im Einklange, daß es Amerika gibt, trotzdem das nicht in der Bibel gefunden wird? Oder steht in der Bibel etwas davon, daß die kopernikanische Weltanschauung richtig ist? Es hat Leute gegeben, die aus diesem Grunde die kopernikanische Weltanschauung als etwas Falsches, als etwas Verbotenes angesehen haben. Heute wird es niemanden geben, der, auf dem wirklichen Bildungsstandpunkte seiner Zeit stehend, sagen könnte: er fände einen Widerspruch zwischen der Lehre des Kopernikus und der Bibel, – trotzdem die Lehre des Kopernikus nicht in der Bibel steht.

Ebenso wird man sagen können über die geisteswissenschaftliche Tatsache der wiederholten Erdenleben, daß es in nichts Abbruch tue der Anerkennung der Heilswahrheiten der Bibel, daß darüber nichts in dieser gefunden werden könne, ja manches darin so gedeutet werden könne, als ob es dieser Erkenntnis widerspräche. Man muß diese Punkte nur von dem richtigen Gesichtspunkte ansehen. Dann aber, wenn man sie von dem richtigen Gesichtspunkte ansieht, darf man wohl daran erinnern, wie solche Dinge sich im Laufe der Zeit ändern. Wenn jemand sagt, er wolle die wiederholten Erdenleben nicht anerkennen, aus dem einfachen Grunde, weil das der Bibel widerspreche, so muß ich immer daran denken, daß es eine Zeit gab, in der Galilei aus dem Grunde, weil er etwas zu sagen hatte, was scheinbar, eben nur scheinbar, der Bibel widersprach, in einer ganz eigentümlichen, bekannten Weise behandelt worden ist. Oder man denke, wie Giordano Bruno behandelt worden ist, weil auch er etwas zu sagen hatte, von dem man eben auch behaupten konnte, es ließe sich aus der Bibel nicht nachweisen.

Da muß ich denn weiter eines Priesters gedenken, der vor einigen Jahren das Rektorat einer Universität angetreten hat, aus der theologischen Fakultät heraus, und der in seiner Rektoratsrede, die über Galilei handelte, als katholischer Priester etwa die folgenden Worte gesprochen hat. Er sagte: Die Zeiten ändern sich eben, und damit auch die Art und Weise, wie Menschen erkannte Tatsachen aufnehmen. In seiner Zeit hat man Galilei in der bekannten Weise behandelt; jetzt aber sieht wohl jeder wahre Christ ein, daß durch die Entdeckung der Herrlichkeit des Weltenbaues, wie sie durch Galilei bekannt geworden ist, die Glorie, der Herrlichkeit Gottes und die Hingabe an Gott nur erhöht, nicht vermindert werden kann. Das war auch priesterlich, das war auch christlich, ja vielleicht erst echt christlich gesprochen. Und christlich war die schöne Anerkennung, die Galilei durch die ganze Rede dieses Priesters erfuhr.

Im ganzen möchte ich, aus der geisteswissenschaftlichen Gesinnung heraus, sagen, sehr verehrte Anwesende: von demjenigen, was das Christentum ist, von demjenigen, was der Christus der Welt ist, muß gerade der Geisteswissenschafter durch seine Lehren, so denken, daß er sagt: Wie kleingläubig finde ich eigentlich diejenigen, die da glauben, daß durch irgendeine Entdeckung, auf physischem oder geistigem Gebiete, die Größe, die uns anweht aus der Christusoffenbarung, verkleinert werden könnte. Nein, dem Geistesforscher kommt derjenige kleinmütig vor, der da glaubt, daß durch irgendeine Tatsache, und sei sie selbst eine so schwerwiegende wie die wiederholten Erdenleben, daß durch irgendeine Tatsache, die entdeckt wird auf physischem oder geistigem Gebiete, der Glanz des Christusereignisses und der Einfluß des Christus vermindert werden könnte für den Christen; der das glaubt, der möge nur auch glauben, daß die Sonne an Kraft verliere aus dem Grunde, weil sie nicht für Europa allein, sondern auch über Amerika scheint.

Was auch noch immer, in irgendeiner Zukunft, an physischen oder geistigen Tatsachen wird entdeckt werden: die großen Wahrheiten des Christentums werden alles überleuchten. Das erkennt gerade derjenige, der aus geistesforscherischem Sinn heraus sich dem Christusimpuls und der ganzen christlichen Weltauffassung nähert. Er ist nicht so kleinmütig, zu sagen: es könnte der Glanz des Christentums verringert werden durch irgendeine Forschung. Er weiß, daß derjenige klein denkt über das Christentum, der dieses durch irgendeine Natur- oder Geistesforschung gefährdet glauben kann.

Es kommt eben wirklich darauf an, daß vielleicht die mancherlei Mißverständnisse, die da bestehen, gegenüber dem, für das der Dornacher Bau ein äußeres Zeichen, eine äußere Behausung ist, daß diese mancherlei Mißverständnisse doch überwunden werden könnten. Über den Dornacher Bau selber will ich nur sagen, daß er nichts anderes sein soll als eine künstlerische Ausgestaltung desjenigen, was in unseren Empfindungen, in unseren Gefühlen angeregt wird, wenn wir eben das Lebendige der Geisteswissenschaft, der Anthroposophie in unsere Seele aufgenommen haben. Daher ist dieser Bau nicht so gemeint, daß etwa die Ideen, die die Geisteswissenschaft hat, durch Symbole oder Allegorien in den Formen des Baues ausgebildet wären. Davon kann gar keine Rede sein.

Wenn Sie diesen Bau einmal betrachten werden, dann werden Sie finden, er habe das Eigentümliche, daß in ihm gar nichts Geheimnisvolles ist, daß in ihm kein einziges Symbol ist, nichts irgendwie von einer Allegorie oder dergleichen. Das sollte, gerade durch die ganze Natur dieses Baues, von ihm vollständig ferngehalten werden.

Wenn etwa gesagt würde: Aber man muß doch die geisteswissenschaftlichen Gedanken kennen, wenn man verstehen will, was man da sieht – ja, das hat aber die Kunst des Dornacher Baues mit jeder anderen Kunst gemein. Nehmen wir die Sixtinische Madonna, nehmen wir das wunderbare Mutterbild mit dem Jesuskinde: Ich denke, wenn ein Mensch, der niemals etwas vom Christentum gehört hat, vor die Sixtinische Madonna sich hinstellt, dann muß man ihm auch erklären, was das ist, dann wird er *auch*, aus seinen Empfindungen heraus, die Sache nicht unmittelbar verstehen können. So ist es selbstverständlich, daß man in der ganzen Strömung der Geisteswissenschaft leben muß, wenn man ihre Kunst verstehen will, wie man im Christentum drinnen stehen muß, wenn man zum Beispiel die Sixtinische Madonna verstehen will.

Im Dornacher Bau ist versucht, nicht etwa geisteswissenschaftliche Ideen sinnbildlich auszudrücken, sondern es liegt zu Grunde die Tatsache unserer Weltauffassung, daß die

Geisteswissenschaft etwas ist, was ja – und das geht aus den Worten, die ich heute hier gesprochen habe, hervor – so lebendig, so stark das Innere des Menschen ergreift, daß Fähigkeiten, die in ihm sonst schlummern, also auch künstlerische Fähigkeiten, geweckt werden. Und da die Geisteswissenschaft etwas Neues ist – nicht ein neuer Name für etwas Altes, sondern etwas wirklich Neues –, so wie die heutige Naturwissenschaft gegenüber der mittelalterlichen Naturwissenschaft etwas Neues ist, so wird auch ihre Kunst gegenüber bestehenden Kunstwerken etwas Neues sein müssen. Die Gotik stellte sich als eine neue Kunst neben die Antike hin; wer nun die Meinung hätte, daß nur die antike Kunst gelten soll, der mag die Gotik schmähen; so mag man auch schmähen einen neueren Stil, der aus einer neueren Empfindungsweise hervorgeht.

Besonders schlimm wird ein Nebenbau befunden. Da steht, neben dem Doppelkuppelbau, ein Kesselhaus. Mit diesem ist versucht worden, einen Nutzbau künstlerisch zu gestalten, aus dem modernsten Material heraus, aus dem Beton. Dem Beton wurde Rechnung getragen. Und auf der anderen Seite wurde all dem Rechnung getragen, was in dem Hause ist. Wenn jemand diese Form sinnbildlich auslegt, wenn er allerlei Symbole sieht, dann ist er eben ein Mensch, der träumt, ein Phantast, nicht einer, der da sieht, was da ist. Gerade so, wie die Nußschale so gebildet ist, daß sie dem Nußkerne angemessen ist: so versucht der Künstler, in demjenigen, was er aufbaut, eine Schale zu bilden für das, was drinnen ist, eine gewissermaßen naturgemäße Schale, so daß die äußere Form die sinngemäße Umhüllung des Inhaltes ist. Das ist versucht. Und demjenigen, der es beurteilen will und nicht schön findet, – man kann ihn verstehen, denn man muß sich erst gewöhnen an diese Dinge. Aber er könnte vielleicht doch versuchen, sich einen anderen Schornstein, wie man ihn heute macht, neben unserem Kesselhaus zu denken – so einen richtigen roten Schornstein mit Umbau – und er könnte dann beides vergleichen.

Gewiß, wir sehen sehr genau, dasjenige, was in Dornach mit dem Bau versucht wird, ist ein Anfang, sogar ein mangelhafter Anfang, aber es soll der Anfang sein zu etwas, was als ein neuer Baustil aus einer neuen Weltauffassung entspringt. Es gab auch Leute, die sagten: Ja, da habt ihr sieben Säulen gemacht, seht ihr, auf jeder Seite sieben Säulen im Hauptraum. Ihr seid eben doch eine recht abergläubische Gesellschaft. An die mystische Siebenzahl glaubt ihr.

Ja, man könnte jemand auch abergläubisch finden, der sieben Farben im Regenbogen sieht. Da müßte man eigentlich die Natur abergläubisch finden, die dies bewirkt. Aber wenn jemand über diese sieben Säulen spricht, so sollte er zunächst gar nicht auf diese Zahl sehen, sondern sehen, was da neu versucht worden ist. Sonst ist es immer so, daß gleiche Säulen nebeneinandergestellt werden. Bei unseren Säulen sind die Kapitäle in fortlaufender Entwickelung gedacht; die zweite Säule ist anders als die erste die dritte wieder anders; das eine Kapitäl geht aus dem andern hervor. Das gibt einen Organismus, der so innerlich gesetzmäßig ist, wie die sieben Töne von der Prim bis zur Septime.

Und so wird man finden, daß nirgends aus den Ideen, aus der Symbolik, aus dem Geheimnisvollen heraus gearbeitet worden ist, sondern überall versucht worden ist, ein Künstlerisches in Formen, in Farben und so weiter zu entwickeln. Es ist erstrebt worden, den ganzen Bau zur richtigen Umhüllung für dasjenige zu machen, was in ihm gepflegt werden soll. Baue haben Wände. Aber bei Wänden, die man bis jetzt gebaut hat, ist man gewöhnt, in den Wänden etwas zu sehen, was so geformt ist, daß es den Raum abschließt. Unsere Wände sind von innen so mit Formen überkleidet, daß man nicht das Gefühl hat, der Raum wird durch die Form abgeschlossen, sondern man rechnet mit der Empfindung, die Wand sei wie durchlässig, und man blicke ins Unendliche hinaus. Die Wände in ihren Formen sind so gebildet, daß sie sich gleichsam selber auslöschen, daß man mit der Natur und mit der ganzen Welt im Zusammenhange bleibt.

Ich habe, durch diese kurzen Betrachtungen, nicht etwa jemand überzeugen wollen. Ich wollte nur dasjenige erreichen, was ich im Anfange betont habe: anregen möchte ich, nicht überzeugen. Aber das möchte ich doch noch betonen: die Art und Weise, wie man sich in eine Weltanschauung hineinfindet, hängt von den Denkgewohnheiten ab. Und derjenige, der den geistigen Entwickelungsgang der Menschheit kennt, der weiß, daß die Wahrheit immer durch Hindernisse sich hindurch hat entwickeln müssen. Man denke nur einmal, wie Giordano Bruno vor die Menschheit treten mußte, vor eine Menschheit, die immer geglaubt hat: da oben ist das blaue Himmelsgewölbe, das schließt den Raum ab. Giordano Bruno mußte den Menschen sagen: Da ist gar nichts; wo ihr das blaue Himmelsgewölbe seht; das setzt ihr selber mit eurem Sehen hin. Der Raum dehnt sich in die Unendlichkeit hinaus, und unendliche Welten sind im unendlichen Raume. Das, was Giordano Bruno für das sinnliche Anschauen tat, das hat die Geisteswissenschaft für das Geistig-Seelische und für das Zeitliche zu tun. In bezug auf das Geistig-Seelische ist auch so eine Art Firmament da, auf einer Seite Geburt, oder sagen wir Empfängnis, auf der anderen Seite der Tod. Aber dieses Firmament ist in Wahrheit ebensowenig eine Realität, wie das blaue Firmament oben; sondern nur, weil man mit den gewöhnlichen menschlichen Erkenntnisfähigkeiten nur bis zur Geburt oder zur Empfängnis und bis zum Tode sehen kann, glaubt man, daß eine Grenze da sei, wie man geglaubt hat, daß das Firmament eine Grenze ist. Wie aber das blaue Firmament nicht eine Grenze ist, sondern unendliche Welten im unendlichen Raume sich befinden, so müssen wir durch erweiterte Fähigkeiten hinaus über das Firmament von Geburt und Tod sehen, in die zeitliche Unendlichkeit, und in ihr auf die Entwickelung der ewigen Seele durch die wiederholten Erdenleben hindurch. Die Dinge sind auf geistigem Gebiet nicht anders als auf naturwissenschaftlichem Gebiet. Deshalb könnte man fragen, wie kommt es denn, daß so viele Mißverständnisse von so mancher Seite dieser Geisteswissenschaft entgegengebracht werden? Und da muß ich sagen, wenn ich gewissermaßen persönlich mich dazu verhalten möchte, daß ich finde: die Gründe, warum die Geisteswissenschaft so mancherlei Gegnerschaft und Mißverständnis findet, sie sind zum Teil objektiv, zum Teil subjektiv.

Unter den objektiven Gründen möchte ich diesen vor allen anderen sehen: Geisteswissenschaft ist etwas, in das man sich ernsthaft vertiefen muß; eine lange, ernste Arbeit ist für ihr Verständnis nötig, eine Arbeit, die mit vielen Erlebnissen, auch mit vielen Enttäuschungen verknüpft ist.

Aber das ist ja im Grunde genommen bei jeder Erkenntnisarbeit so. Nicht ohne solche Arbeit lassen sich die Wege der Anthroposophie auffinden. Aber es scheint nun einmal üblich zu sein, daß man sich sagt: eine Uhr zu verstehen, – ja, dazu muß man lernen, wie die Räder zusammenwirken. Das erfordert einige Mühe. Nicht aber scheint es in gleicher Weise üblich zu sein, gegenüber dem ganzen Weltall ein Gleiches zuzugestehen. Da will man nicht schwierige, verwickelt scheinende Anschauungen gelten lassen, die das doch nur deshalb sind, weil die Sache schwierig ist. Statt sich auf die Geisteswissenschaft selbst einzulassen, bemängelt man sie, weil man sie, von dem eigenen Standpunkte aus beurteilt, schwierig findet.

Dann gibt es subjektive Gründe. Und diese subjektiven Gründe, sie liegen eben in dem, was ich eigentlich schon ausgeführt habe. Es wird den Menschen im allgemeinen schwer, diejenigen Vorstellungen, die sich einmal gebildet haben, zu vereinigen mit solchen Vorstellungen, an die sie nicht gewöhnt sind. Es brauchen solche ungewohnte Vorstellungen nicht einmal zu leugnen dasjenige, was schon vorgestellt wird, sondern nur etwas hinzuzufügen zu dem, was schon gedacht worden ist.

So ging es der Wahrheit immer. Dem widersprochen wird, das sind die Denkgewohnheiten. Und von diesem Gesichtspunkte aus, wenn man die subjektiven Gründe sucht für die Mißverständnisse gegenüber der Geisteswissenschaft, muß man sagen: Die Gründe liegen auf demselben Boden, von dem aus die kopernikanische Lehre abgelehnt worden ist von der ganzen Welt, als sie zuerst aufgetreten ist. Sie war eben etwas Neues. Allein die Wahrheit muß sich in der Welt durchsetzen, und setzt sich auch durch. Das darf von demjenigen empfunden werden, der verwoben ist mit alledem, was Geisteswissenschaft ist und wozu sie anregen kann.

Er stützt sich auf die Erfahrung, daß die Wahrheit immer doch sich durcharbeitet durch die feinsten Ritzen der Felsen von Vorurteilen, die die Menschen aufgerichtet haben. Man mag Geisteswissenschaft vielleicht heute noch hassen. Derjenige aber, der sie haßt, wird höchstens bewirken können, daß andere sie mit ihm hassen, die ihm zugetan sind und die auf sein Wort schwören. Aber noch niemals ist in der Welt irgendeine Wahrheit ausgemerzt worden dadurch, daß sie gehaßt worden ist. Mißverstanden und mißdeutet werden kann die Wahrheit zu irgendeiner Zeit, aber gegenüber dem Mißverstehen und Mißkennen werden sich immer Erkenner und richtige Versteher finden. Und selbst wenn dasjenige, was die Geisteswissenschaft in unserer Zeit sagen will, heute nicht anerkannt würde, wenn es mißverstanden und verkannt würde, – die Zeiten werden kommen auch für diese Wissenschaft. Unterdrücken sogar kann man die Wahrheit, aber man kann sie nicht vertilgen. Immer wieder muß sie geboren werden, wenn sie auch noch so oft unterdrückt wird.

Denn Wahrheit ist tieflebendig verbunden mit der menschlichen Seele, so daß man überzeugt davon sein kann, daß die menschliche Seele und die Wahrheit zusammengehören wie Schwestern. Und mögen sie auch für Zeiten und für Orte irgend welchen Zwiespalt entwickeln, mag irgend welche Verkennung zwischen ihnen entstehen: es muß immer wieder Anerkennung, – es muß immer wieder gegenseitige Liebe eintreten zwischen der Seele und der Wahrheit. Denn Schwestern sind sie, die in einem Gemeinsamen ihren Ursprung haben, und die in Liebe sich immer ihres gemeinsamen Ursprunges erinnern müssen, des Ursprungs in der alle Welt durchwaltenden Geistigkeit, welche zu erforschen sich gerade die Anthroposophie als Aufgabe setzt.

Nachwort

Durch die Ausführungen dieser Schrift sollte gezeigt werden, wie die anthroposophisch orientierte Geisteswissenschaft ihre Gestalt, als Erkenntnis der geistigen Welt, in der Gegenwart dadurch erhält, daß sie Wege geht, die neben den berechtigten Wegen der naturwissenschaftlichen Vorstellungsart bestehen können. Um in die geistige Welt einzudringen in so gesicherter Art, wie die Naturwissenschaft in die stoffliche eindringt, muß Geisteswissenschaft andere Wege einschlagen, als die naturwissenschaftlichen sind. Sie muß, um auf geistigem Gebiete denselben Forderungen zu genügen, wie die Naturwissenschaft auf ihrem Felde, mit Erkenntniskräften arbeiten, welche dem Geistigen so angemessen sind, wie die naturwissenschaftlichen der Natur. – So wenig nun eine Geisteswissenschaft mit solchen Zielen mit älteren Weltanschauungsrichtungen, wie der Gnosis und ähnlichem, verwechselt werden darf, so ist doch die Tatsache vorhanden, daß im Laufe der neueren Zeit deutlich das Bestreben auftritt, zu ihr zu kommen, daß sie nicht also wie ein willkürlich Ersonnenes in der Gegenwart auftritt, sondern wie eine Erfüllung von Hoffnungen, die im geistigen Entwickelungsprozeß des Abendlandes zu bemerken sind. Um dies zu belegen, ließe sich vieles anführen. Es sollen hier aber nur zwei Beispiele gebracht werden, welche zeigen, daß «Anthroposophie» etwas ist, woran seit lange gedacht wird. *Troxler,* ein viel zu wenig gewürdigter Denker aus der ersten Hälfte des neunzehnten Jahrhunderts, gab 1835 «Vorlesungen über Philosophie» heraus. Darin findet sich der Satz: «Wenn es nun höchst erfreulich ist, daß die neueste Philosophie, die ... in jeder *Anthroposophie,* also in Poesie, wie in Historie, sich offenbaren muß, emporwindet, so ist doch nicht zu übersehen, daß diese Idee nicht eine Frucht der Spekulation sein kann, und die wahrhafte Persönlichkeit oder Individualität des Menschen weder mit dem, was sie als subjektiven Geist oder endliches Ich aufstellt, noch mit dem, was sie als absoluten Geist oder absolute Persönlichkeit diesem gegenüberstellt, verwechselt werden darf.» Und was er über diese seine Idee einer Anthroposophie vorbringt, ist bei Troxler angeschlossen an Sätze, die deutlich zeigen, wie er der Annahme von Wesensgliedern der Menschennatur über den physischen Leib hinaus nahe steht. Sagt er doch: «Schon früher haben die Philosophen einen feinen, hehren Seelleib unterschieden von dem gröberen Körper, oder in diesem eine Art von Hülle des Geistes angenommen, eine Seele, die ein Bild des Leibes an sich habe, das sie *Schema* nannten, und das ihnen der innere höhere Mensch war.» Der Zusammenhang, in dem diese Worte bei Troxler stehen, und dessen ganze Weltanschauung bezeugen, daß man bei ihm Bestrebungen sehen darf, die sich durch eine Geisteswissenschaft im Sinne dieser Schriften erfüllen lassen. Nur weil Troxler nicht in der Lage ist, zu erkennen, daß Anthroposophie nur möglich ist durch Entwicklung von Seelenfähigkeiten in der Richtung wie diese Schrift dies andeutet, fällt er mit seinen eigenen Anschauungen in Gesichtspunkte zurück, die gegenüber dem von J. G. Fichte, Schelling, Hegel errungenen nicht ein Fortschritt, sondern ein Rückschritt sind. (Vgl. mein Buch: «Die Rätsel der Philosophie».) – Bei I. H. Fichte, dem Sohne des großen Philosophen (in dessen «Anthropologie», 2. Auflage von 1860, S. 608) findet man die Sätze: «Aber schon die *Anthropologie* endet in dem von den mannigfaltigsten Seiten her begründeten Ergebnisse, daß der Mensch nach der wahren Eigenschaft seines *Wesens*, wie in der eigentlichen Quelle seines *Bewußtseins* einer übersinnlichen Welt angehöre. Das Sinnenbewußtsein dagegen, und die auf seinem Augpunkte entstehende phänomenale Welt, mit dem gesamten, auch menschlichen Sinnenleben, haben keine andere Bedeutung, als nur die Stätte zu sein, in welcher jenes übersinnliche Leben des Geistes sich vollzieht, indem er durch *frei bewußte eigene Tat* den jenseitigen Geistesgehalt der Ideen in die Sinnenwelt einführt ... Diese gründliche Erfassung des Menschenwesens erhebt nunmehr die «Anthropologie» in ihrem Endresultate zur *«Anthroposophie»*. Im Anschluß an die Erläuterung dieser Sätze, sagt I. H. Fichte (S. 609): «So vermag endlich die Anthroposophie an sich selbst nur in *Theosophie* ihren letzten Abschluß und Halt zu finden.» Daß auch I. H. Fichte mit seiner eigenen Weltanschauung nicht zu einer Anthroposophie kam, sondern hinter J. G. Fichte, Schelling und Hegel zurückging: dafür bestehen dieselben Gründe wie bei Troxler. – Hier zunächst nur diese beiden Beispiele für eine Fülle geistesgeschichtlicher Tatsachen, die erbracht werden können zum Beweis dafür, daß die in dieser Schrift gekennzeichnete anthroposophische Geisteswissenschaft einem seit lange lebenden wissenschaftlichen Streben entspricht.

Auf diese Aussprüche I. H. Fichtes (die mir der Ausdruck einer neuzeitlichen Geistesströmung schienen, *nicht bloß* eines Einzelnen Meinung) wies ich in einem Vortrage hin, den ich 1902 im Giordano-Bruno-Bund hielt; damals, als der Anfang gemacht wurde mit dem, was gegenwärtig als anthroposophische Vorstellungsart sich darstellt. Man sieht daraus, daß eine Erweiterung des neuzeitlichen Weltanschauungsstrebens zu einer wahrhaften Betrachtung der geistigen Wirklichkeit ins Auge gefaßt war. *Nicht* ein Herausholen irgend welcher Anschauungen aus den Veröffentlichungen, die man damals «theosophische» nannte (auch gegenwärtig noch so nennt), ward angestrebt, sondern eine Fortsetzung des Strebens, das bei den neueren Philosophen seinen Anfang genommen, aber bei diesen im Begrifflichen stecken geblieben war, und dadurch den Zugang in die wirkliche geistige Welt nicht erreicht hat. Mir schien diese Fortsetzung zugleich ein Ausbau der Weltanschauung zu sein, die Goethe seiner von ihm «geistgemäß» genannten Naturanschauung zu Grunde liegend – nicht aussprach, aber *empfand*. – Wer meine Schriften und Vorträge verfolgt hat, kann das alles durch dieselben selbst so finden; und ich würde dies nicht besonders aussprechen, wenn nicht immer wieder die Entstellung der Wahrheit sich dadurch zeigte, daß gesagt wird, ich hätte mit dem, was ich früher zum Ausdruck gebracht, gebrochen und wäre eingeschwenkt in die Anschauungen, wie sie etwa von Blavatsky und Besant in deren Veröffentlichungen dargestellt werden. Wer zum Beispiel meine «Theosophie» wirklich sachgemäß beurteilt, der kann finden, wie in ihr alles als Fortsetzung der oben gekennzeichneten neueren Weltanschauungsströme entwickelt ist, wie aus gewissen Voraussetzungen der Goetheschen Weltanschauung heraus die Darstellung gegeben wird, und nur an gewissen Punkten darauf hingewiesen wird, wie Ideen, die sich mir ergeben hatten (ätherischer Leib, Empfindungsleib und so weiter), sich in den Angaben der theosophisch genannten Literatur auch finden. Ich weiß, daß ich durch diese Ausführungen gewisse immer wieder gegen mich auftretende Angriffe nicht aus der Welt schaffen werde, denn diesen ist es ja in vielen Fällen nicht um Ergründung des wahren Tatbestandes, sondern um ganz anderes zu tun. Aber, was kann getan werden auch gegenüber immer wiederkehrenden Unrichtigkeiten? Doch nur: das Richtige aussprechen. –

*

Der Forscher, der auf Grundlage einer Erkenntnisart arbeitet, wie sie in dieser Schrift angedeutet wird, erblickt den Gang seiner Untersuchungen in vollem Einklang mit den Bestrebungen der Naturwissenschaft in der Gegenwart. Nur weiß er, daß diese naturwissenschaftlichen Bestrebungen überall an tote Punkte (oder in Sackgassen) kommen müssen, wenn sie sich nicht *begegnen* können mit dem, was, von entgegengesetzten Ausgangspunkten her, die Geisteswissenschaft zu Tage fördern kann. Eine richtige Anschauung würde die beiden Arbeitsrichtungen so erblicken, wie die Arbeiter eines Tunnels, die von zwei Seiten her – richtig geordnet – in einen Berg bohren und zusammentreffen. Die *Tatsachen* der zeitgenössischen Arbeit bestätigen durchaus diese Anschauung; nur die irregeführten Meinungen über diese Tatsachen stellen dies in Abrede und bringen Geisteswissenschaft mit Naturwissenschaft in einen «gemeinten», aber in Wahrheit nicht bestehenden Widerspruch. – Wie bedeutsam sich das Zusammentreffen von Naturwissenschaft und Geisteswissenschaft erweist, das zeigt auf das glänzendste ein eben erschienenes – meiner Meinung nach geradezu epochemachendes – Buch: «Vom Schaltwerk der Gedanken. Neue Einsichten und Betrachtungen über die Seele» von *Carl Ludwig Schleich,* S. Fischer Verlag Berlin 1916. Man lese in diesem Buche das eindringlich sprechende Kapitel: «Die Hysterie – ein metaphysisches Problem», und man sehe, wie hier der naturforschende Arzt, der zugleich ein tiefdringender Denker ist, vor Tatsachen steht, die aus der Geisteswissenschaft erst ihre volle Beleuchtung finden, und die ihn zu dem Satze nötigen: In «der Gewebsproduktion, durch den hysterischen Impuls, liegt das metaphysische Problem der Inkarnation vor», in «der des mediumistischen Schauens, eine Art Hellsehens von Krankheitsmöglichkeiten». Nun gibt man sich einer der allerschlimmsten Illusionen hin, wenn man ernstlich meint, man könne ohne die geisteswissenschaftlichen Ergebnisse mit den naturwissenschaftlich gefundenen Tatsachen für das volle wirkliche Erleben der Menschen etwas anfangen. Der Naturforscher, der die Geisteswissenschaft ablehnt, ist durchaus wie in dem Falle eines Menschen, der ein magnetisches Stück Eisen in der Hand hält, von dem Magnetismus nichts ahnt, und das Eisen nur zu einem Werkzeug verwendet, bei dem der Magnetismus keine Rolle spielt. Was wäre wohl geworden, wenn er den Magnetismus und nicht den «Stoff» Eisen in irgend welche Dienste gestellt hätte? – Man lese auch in dem Schleichschen Buche das Kapitel «Der Mythos vom Stoffwechsel im Gehirn», und man überzeuge sich, wie der naturforschende Arzt durch Denkzwang zu einer förmlichen Schilderung dessen kommt, was die Geisteswissenschaft aus einer umfassenden Darstellung des Geisteslebens als den Ätherleib des Menschen sachgemäß schildert. – Es ist interessant, wie gerade dieses Kapitel der Schleichschen Darstellung zeigt, daß Naturwissenschaft und Geisteswissenschaft in der Gegenwart vielfach aus dem Grunde aneinander vorbei reden, weil die Zusammenwirkung in geistiger Lebenspraxis bei Naturwissenschaftern und Geisteswissenschaftern wegen der Zersplitterung unseres Geisteslebens so schwierig ist. Man kommt da zu der schmerzlichen Vorstellung: Wie könnten sich die Dinge stellen, wenn die Naturforscher die Geisteswissenschaft wirklich kennen lernen wollten, statt an ihr vorbeizugehen, und sie den unverständigen Verdächtigungen derer zu überlassen, die nach dem Grundsatze handeln: *nicht prüfen, aber die unsachgemäße Aburteilung behalten*–? Am Schlusse des angedeuteten Kapitels sagt nämlich Schleich – und der Fall ist bedeutsam, weil es sich da nicht um Übelwollen, sondern um den Ausspruch eines redlichen, *wahren Forschers* handelt –: «Wenn Goethe, dieser Seher und Prophet, so vieles Zusammenhängende der Gottnatur bemerkte und bewies, daß der Schädel mit allen seinen Schalen nichts ist, als ein plattenförmig aufgerollter Halswirbel, weil alle Bestandteile des letzteren an der beineren Hülle des Hirns nachweisbar sind, so sollte mich wundernehmen, ob er nicht auch den Gedanken, den wir eben aussprachen, «von dem Auftürmen des Gehirns aus den Elementen des Rückenmarks», gleich uns im Labyrinth seiner Gedanken gewälzt hat. Es würde mich nicht überraschen, wenn darüber noch einmal irgendein Goethesches Zettelchen gefunden würde.» – So ist unser geistiges Zusammenwirken! 1916 erwartet ein redlicher Forscher, daß noch einmal ein «Goethesches Zettelchen» gefunden werde. Dies ist aber bereits im Jahre 1891 von mir gefunden. Man lese im Goethe-Jahrbuch von 1892 auf S. 175 in dem Aufsatze: «Goethe als Anatom» (der von dem Prof. der Anatomie K. v. Bardeleben geschrieben ist): «Daß sich Goethe aber nicht nur mit der Osteologie, sondern auch mit den Bändern, den Muskeln, sowie dem *Gehirne* beschäftigt hat, zeigen verschiedene Notizen, auf meist losen Blättern. In dem venetianischen Tagebuche von 1790 fand *R. Steiner* folgenden Satz, der in innerem Zusammenhange mit den Gedanken über die Wirbelnatur der Schädelknochen stehen dürfte: ‹Das Hirn selbst nur ein großes Hauptganglion. Die Organisation des Gehirnes wird in jedem Ganglion wiederholt, so daß jedes Ganglion als ein kleines subordiniertes Gehirn anzusehen ist.›» Auf der Grundlage dieser und ähnlicher von mir gemachter «Goethefunde» konnte ich denn in meinem Buche «Goethes Weltanschauung» – aus rein geisteswissenschaftlichem Denken heraus – 1897 schreiben: «Jedes Nervenzentrum der Ganglien gilt ihm (Goethe) als ein auf niederer Stufe stehendes Gehirn.» Und dieses, sowie manches damit in Zusammenhang Stehende habe ich seither oft ausgesprochen. – Es sollte dies nur ein kleines Beispiel sein für die Art, wie man im modernen Wissenschaftsbetrieb aneinander vorbeiredet. Ich werde gewiß der letzte sein, der Schleich vorwerfen will, daß er das Goethe-Jahrbuch von 1892 und mein Buch von 1897 nicht kennt; das Mißliche unseres Wissenschaftsbetriebes liegt nicht an Personen, sondern an den Verhältnissen.

In der vorliegenden Schrift wird auch darauf hingewiesen, wie unbegründet *jegliche* Gegnerschaft gegen die Geisteswissenschaft ist, die von religiösen Gesichtspunkten ausgeht. Dabei wird auf die ausgezeichnete Rektoratsrede hingewiesen, die 1894 ein katholischer Priester, der Professor an der *theologischen* Fakultät an der Universität Wien war, gehalten hat. Gemeint ist *Dr. Laurenz Müllner* und seine Rede: «Die Bedeutung Galileis für die Philosophie». In dieser Rede sagt dieser Priester, der immer ein treuer Sohn seiner Kirche geblieben ist, das Folgende: «So kam eine neue Weltanschauung (gemeint ist die Kopernikanisch-Galileische Anschauung) vielfach in den Schein eines Gegensatzes zu Meinungen, die in sehr fraglichem Rechte ihre Abfolge aus den Lehren des Christentums behaupteten. Es handelt sich vielmehr um den Gegensatz des erweiterten Weltbewußtseins einer *neuen* Zeit zu dem enger geschlossenen der *Antike,* um einen Gegensatz zur *griechischen,* nicht aber zur richtig verstandenen *christlichen* Weltanschauung, die in den neuentdeckten Sternenwelten nur neue Wunder göttlicher Macht und Weisheit hätte sehen dürfen, wodurch die auf Erden vollzogenen Wunder göttlicher Liebe nur höhere Bedeutung gewinnen konnten.» In ähnlicher Weise darf mit Bezug auf das Verhältnis der Geisteswissenschaft zur Religion gesagt werden: Es kommt diese Geisteswissenschaft vielfach in den Schein eines Gegensatzes zu Meinungen, die oft wie zum Christentum gehörig dargestellt werden, die aber in sehr fraglichem Rechte ihre Abfolge aus den Lehren des Christentums behaupten. Es handelt sich vielmehr um den Gegensatz des *in die geistige Wirklichkeit* hinein erweiterten Weltbewußtseins *unserer neuen Zeit* zu dem enger geschlossenen bloß *naturwissenschaftlichen* der letzten Jahrhunderte, nicht aber zur richtig verstandenen christlichen Weltanschauung, die in den Geisteswelten der Anthroposophie nur neue Wunder göttlicher

Macht und Weisheit sehen sollte, wodurch die in der Sinneswelt vollzogenen Wunder göttlicher Liebe nur höhere Bedeutung gewinnen können. – Sobald auf gewissen Seiten ein so gründlicher Einblick in die Geisteswissenschaft vorhanden sein wird, wie ihn der genannte edle Priester und Theologe Laurenz Müllner in die naturwissenschaftliche Anschauung der neuen Zeit hatte, werden alle Angriffe aufhören, die gegen die Geisteswissenschaft von religiöser Seite oftmals in so ganz unbegründeter Art gemacht werden.

DAS MENSCHLICHE LEBEN VOM GESICHTSPUNKTE DER GEISTESWISSENSCHAFT (ANTHROPOSOPHIE)

Vorwort

Die folgenden Ausführungen bildeten den Inhalt eines Vortrages, den ich am 16. Oktober 1916 in Liestal gehalten habe, und der eine Art Fortsetzung enthielt des am 11. Januar ebendaselbst gehaltenen über «Die Aufgabe der Geisteswissenschaft und deren Bau in Dornach». In diesen beiden Vorträgen war ich bestrebt, in möglichster Kürze die Wege zu kennzeichnen, auf denen die Erkenntnisse gewonnen werden, die ich unter dem Namen «Anthroposophie» oder «Geisteswissenschaft» zusammenfasse. Auch suchte ich einige von diesen Erkenntnissen über das geistige Wesen der Menschenseele und damit Zusammenhängendes kurz darzustellen. Eingefügt habe ich auch in diesen Vortrag wie in den andern einiges über Einwände, die von manchen Seiten gegen die anthroposophisch orientierte Geisteswissenschaft gemacht werden. Diese Einwände kommen oft in einer recht sonderbaren Art zustande. Sie besteht darinnen, daß man nicht dasjenige ins Auge faßt, was die gemeinte Geisteswissenschaft sagt, und *dagegen* sich wendet, sondern daß man sich ein Zerrbild zurechtzimmert nach dem oder jenem, was man *meint,* das sie sage, und sich dann gegen dieses Zerrbild wendet. Man wird auf diese Art oftmals angegriffen nicht um deswillen, was man wirklich anstrebt, sondern wegen des Gegenteils, das man niemals angestrebt hat. Solche Gegnerschaft hat oft gar nicht die ernste Absicht, das wirklich kennenzulernen, was sie verurteilt. Man kann solchen Angriffen gegenüber kaum etwas anderes tun, als die Darstellung der wirklichen Wege und Ziele der anthroposophisch orientierten Geisteswissenschaft von verschiedenen Gesichtspunkten aus stets von neuem versuchen. Das ist mit Bezug auf einige Punkte auch in diesem Vortrag geschehen.

Dornach bei Basel, November 1916 *Rudolf Steiner*

Ebensowenig wie dem Vortrage, den ich hier im Januar dieses Jahres gehalten habe, liegt meinen heutigen Ausführungen die Absicht zugrunde, für Geisteswissenschaft oder Anthroposophie das zu treiben, was man im gewöhnlichen Sinne Propaganda nennt. Wie damals ist mir auch diesmal daran gelegen, einige Fragen zu beantworten, die gerade in dieser Gegend entstehen müssen, wo man den Dornacher Bau unmittelbar vor Augen hat, welcher dieser Geisteswissenschaft dienen soll.

Eine ganz begreifliche Frage für denjenigen, der zunächst als Außenstehender Kenntnis nimmt von dieser anthroposophischen Bewegung ist die: Gibt es denn überhaupt einen Grund im Geistesleben der Gegenwart, der das Aufkommen einer solchen Bewegung fordert? Man kann es ganz gut verstehen, wenn solche Außenstehende zunächst zu einer ablehnenden Meinung kommen. Sie können glauben, daß einige Menschen, die zu wenig zu tun haben im Leben, sich zusammenfinden, um allerlei für das wirkliche Leben Unnützliches zu treiben, Dinge, die eigentlich denjenigen Menschen nichts angehen, der seine Zeit mit werktätiger

Arbeit im Dienste der Menschheit zu verbringen hat. Diese Meinung kann aber nur dann entstehen, wenn man nicht in einer gründlichen Weise sich bekannt macht mit den Bedingungen des menschlichen Fortschrittes im Laufe der letzten drei bis vier Jahrhunderte, insbesondere im Laufe des 19. Jahrhunderts, und bis in unsere Tage herein. Man lenke den Blick auf all die Veränderungen, die sich in dem menschlichen Leben in dieser Zeit vollzogen haben gegenüber den Bedürfnissen früherer Zeiten. Über das Wirken der Naturkräfte ist Neues entdeckt worden, und das Entdeckte hat das ganze menschliche Dasein, hat die Bedingungen des Lebens von Grund aus geändert. Wie anders wird gegenwärtig der Mensch in das Leben hereingestellt als in einer noch gar nicht allzuweit zurückliegenden Vergangenheit! Überschaut man das menschliche Leben, wie es sich entwikkelt von der Kindheit bis ins reife Alter, so ergibt sich heute ein anderer Anblick als in dieser Vergangenheit. Eine solche Überschau zeigt, wie der Mensch hereingestellt wird in das Leben, wie er seine Arbeit zu leisten hat, für die er vorbereitet wird im Verlaufe seiner Kindheit und Jugendzeit. Sie zeigt, wie dann in ihm das Bedürfnis erwacht, etwas zu wissen über den Sinn und über die eigentliche Bedeutung des Lebens. Der Mensch kann sich nicht zufriedengeben mit demjenigen, was er durch seine Sinne sieht, mit demjenigen, was er durch seine Hände erarbeiten muß. Er wird aufmerksam im Verlaufe seines Lebens auf die Stimmen seines seelischen Wesens, und er muß fragen: Welchen Sinn hat dieses Seelische innerhalb der äußeren, physischen Welt? Man kann nun zunächst selbstverständlich mit vollem Rechte darauf antworten: Nun, die Welt befriedigt ja dasjenige, was der Mensch also zu fragen hat. Sie bringt ihm zu dem

Inhalt seiner äußeren Lebensarbeit und äußeren Lebenserfahrung die Religion, das religiöse Element hinzu. Durch dies wird ihm der ewige Sinn desjenigen enthüllt, was in dem äußeren Physischen des Menschen lebt; und dadurch verwandelt sich für ihn das Tor, welches scheinbar schließt dieses physische Leben, zu dem Aufgangstor für das ewige, unsterbliche Leben der Seele.

Im allgemeinen wird man mit dieser Antwort gewiß recht haben; und berechtigt scheint es daher, zu sagen: Wozu ist noch irgend etwas notwendig, das sich als Geisteswissenschaft oder Anthroposophie eindrängen will zwischen das äußere Leben in der physischen Welt und die religiöse Offenbarung, die religiöse Verkündigung über die ewige Wesenheit des Menschen?

Wer bei dieser im allgemeinen ganz richtigen Meinung über das menschliche Leben der Gegenwart sich beruhigen will, der berücksichtigt aber nicht, wie die letzten Jahrhunderte, insbesondere die neueste Zeit, diesem Leben eine besondere Gestalt gegeben haben, welche den Menschen gegenwärtig nötigt, auch alle Fragen des Lebens in einer Art zu sehen, die über diese allgemeine Meinung hinausgehen muß. Der Mensch wird heute schon in frühester Jugend bekannt mit ganz anderem als in früheren Jahrhunderten. Man bedenke nur einmal, wie man heute durch die Erziehung und Schule hindurchgeht und da Anschauungen aufnimmt, Vorstellungen empfängt, die ganz andere sind als die der früheren Zeit, weil sie auf den großen Fortschritten der letzten Jahrhunderte und der unmittelbaren Gegenwart beruhen. Es liegt im Wesen des geschichtlichen Fortschreitens der Menschheit, daß sich durch gewisse Zeiten hindurch die Lebensverhältnisse gründlich ändern, und daß erst, wenn diese Änderung ein gewisses Maß erreicht hat, der Mensch dazu gelangt, sein Seelenleben auf die Änderung einzustellen. Deshalb bedrängen erst in unserer Gegenwart den Menschen die Seelenfragen, welche durch die Änderung der Lebensverhältnisse in den letzten drei bis vier Jahrhunderten in der Menschheitsentwicklung heraufgezogen sind. Erst in der Gegenwart nehmen diese Seelenfragen eine deutliche Gestalt an. Das kann man vor allem aus dem Glauben ersehen, dem sich viele Persönlichkeiten im Laufe des 19. Jahrhunderts hingeben konnten, und den erst unsere Zeit als einen irrtümlichen enthüllt.

Man konnte sich noch vor kurzem dem Glauben hingeben, daß die Naturwissenschaft – die wahrhaftig von Geisteswissenschaft nicht verkannt wird, sondern gerade in ihren großen Fortschritten voll gewürdigt und bewundert wird – die großen Rätsel des Menschendaseins mit ihren Mitteln lösen werde. Allein derjenige, der mit vertieften Seelenkräften sich einlebt in die Errungenschaften der neueren Naturwissenschaft, der wird immer mehr und mehr gewahr, daß für die höchsten Fragen des Menschendaseins dasjenige, was die Naturwissenschaft bringt, nicht Antworten sind, sondern im Gegenteil immer neue und neue Fragen. Es bereichert das Leben des Menschen, diese *Fragen* jetzt stellen zu können; aber sie bleiben auf dem Boden der Naturwissenschaft eben *Fragen.* Die Menschen des 19. Jahrhunderts, auch die Gelehrten, haben das viel zu wenig berücksichtigt. Sie haben geglaubt, Antworten zu bekommen auf gewisse Rätselfragen, während in Wahrheit diese Fragen in einer neuen Art gestellt werden mußten. Diese Fragen werden nun sozusagen uns anerzogen. Sie sind in der Seele des gegenwärtigen Menschen da, wenn er sich in das Leben hineingestellt findet, und sie verlangen Antworten.

Nun sind diejenigen Persönlichkeiten, welche sich zusammenfinden in der Anthroposophischen Gesellschaft, in gewisser Beziehung solche, welche fühlen, was man an Rätselfragen heute naturgemäß durch das Leben empfängt, Rätselfragen, die man nicht willkürlich aufwirft, sondern die sich als notwendig selbst stellen durch das Leben, in das jetzt der Mensch versetzt ist. Diese Fragen werden zwar durch die neuere Wissenschaft besonders anschaulich, aber sie werden nicht nur dem gestellt, der sich tiefer einläßt in die Wissenschaft, sondern jedem, der mit vollem Anteil durch das gegenwärtige Menschenleben geht. Könnte der Mensch nicht zu Antworten auf solche Fragen kommen, so müßten sich gewisse Folgen ergeben für das menschliche Leben, welche die Menschenzukunft in einem traurigen Lichte heraufziehen lassen würden. Man kann heute noch als ein Phantast erscheinen, wenn man von diesen Folgen spricht. Man wird als solcher aber nur denen gelten, welche sich blenden lassen durch die großen Fortschritte der Menschheit, die aber nicht einsehen, daß diese von Fortschritten auf anderem Gebiet gefolgt sein müssen, wenn sich nicht unter ihrer Oberfläche das vorbereiten soll, was nunmehr angedeutet werden mag.

Denken könnte man sich allerdings, daß die Menschen sich abstumpfen gegenüber den angeführten Rätselfragen, sich gewissermaßen betäuben und sie nicht stellen. Aber dann lähmte man gewisse Geisteskräfte, die der Mensch hat, und welche gerade durch die besprochene neuere Entwicklung nach Ausbildung streben. Es würde dann das menschliche Seelenleben in einen Zustand kommen, welcher sich vergleichen läßt etwa mit dem, in den man kommen würde, wenn man seine Hände und Arme wohl hätte, aber sie gebunden wären und man mit ihnen nichts leisten könnte. Kräfte, die der Mensch hat, und mit denen er nichts anfangen kann, wirken auf ihn lähmend. Und durch das immer weiter und weiter um sich greifende Fühlen einer solchen Lähmung gewisser Seelenkräfte würde das menschliche Leben in einen Zustand von Gleichgültigkeit, ja von völliger Interesselosigkeit kommen gegenüber allem Seelischen, und damit auch gegenüber dem religiösen Empfinden. Dabei könnte es aber nicht bleiben. Der Zustand der Gleichgültigkeit gegenüber dem Seelischen ist für den Menschen erträglich nur so lange, als sein Interesse noch lebhaft angezogen wird von dem andern, durch welches das Seelische verdunkelt wird. Allein *dieses* Interesse hört nach einiger Zeit auf. Es konnte noch vorhanden sein bei denen, welche unter dem unmittelbaren Eindruck der bewunderungswerten naturwissenschaftlichen Ergebnisse standen. Aber es erlischt. Und dann tritt als weitere Folge bei den nicht mehr unter diesem unmittelbaren Eindruck stehenden zur Gleichgültigkeit gegenüber dem Seelischen die Interessenlosigkeit auch gegenüber dem äußeren Leben hinzu. Die Lebensfreude, die Arbeitsfreude wird getrübt. Das Leben wird als Last empfunden.

Die Vorboten der Gleichgültigkeit gegenüber dem religiösen Leben sind im 19. Jahrhundert deutlich zu beobachten gewesen. Ich will in diesem Augenblicke nicht als Beispiel etwas anführen, was in der Reihe der zahlreichen Gelehrten aufgetreten ist, die glaubten, aus der Naturwissenschaft heraus die Fragen des geistigen Lebens beantworten zu können. Ich will sprechen von einem einfachen

Mann aus dem Volke, der in einem solchen Glauben befangen war. Ich meine einen Bauern, der in der oberösterreichischen Alpengegend im 19. Jahrhundert wie ein Märtyrer gelebt hat: *Konrad Deubler.* Deubler wurde ganz ergriffen von den naturwissenschaftlichen Erfolgen des 19. Jahrhunderts. In seiner Jugend hat er sich eine Zeitlang vertieft in geistige Betrachtungen, wie sie von *Zschokke* ausgegangen sind. Aber er ist durch die Bekanntschaft mit dem Darwinismus, mit Haeckels, Büchners und anderer Schriften davon abgekommen. Er hat sich ganz hinnehmen lassen von der materialistischen Gestaltung des Darwinismus, hat sich ganz hinreißen lassen von dem Haeckelismus, hat endlich ganz den Glauben angenommen, daß alles Torheit ist, was über irgendeine geistige Welt aus irgendwelchen andern Quellen als den naturwissenschaftlichen heraus gesagt werden kann. Er glaubte die Welt nur aus materiellen Stoffen und materiellen Kräften auferbaut. Für die *Persönlichkeit* Deublers selbst kann man nur Bewunderung haben; er wurde wirklich ein Märtyrer seiner Überzeugung, denn er mußte für diese sogar lange im Kerker sitzen in den fünfziger Jahren, wo das noch möglich war. Deubler ist gewiß nicht ein Mensch, der aus irgendeinem oberflächlichen Trieb seine Anschauung angenommen hat, sondern ein Mensch, der ganz und gar verführt durch die Strömungen seines Jahrhunderts zur Ablehnung geistiger Wissensquellen gekommen ist. Gewiß, er war lebensfreudig bis zu seinem Tode. Aber er war es, weil er in dem Zeitalter lebte, in dem man noch von dem Glanze rein naturwissenschaftlicher Ergebnisse geblendet sein konnte; für Späterlebende könnten sich erst die seelischen Folgen solcher Vorstellungen, wie er sie sich bildete, zeigen. Deubler bietet ein

Absender:

Bitte
freimachen

Antwortkarte

Urania GmbH

Am Reiterhof

D-8176 Waakirchen

berühmt gewordenes Beispiel für eine gewisse Seelenverfassung der jüngsten Zeit. Es könnten ja viele solche Beispiele angeführt werden. Sie würden den Beweis liefern, daß allerdings viele Persönlichkeiten dieser Zeit glauben konnten, Naturwissenschaft gebe eine umfassende Erklärung des Sinnes der Welt. Die naturwissenschaftliche Erkenntnis wird man nicht aufhalten können noch wollen, denn diese lebt in den Errungenschaften, welche der moderne Mensch braucht, in allem, was er als Nützliches in sein Dasein einführen muß. Wenn aber der menschliche Sinn einseitig auf dieses Naturwissenschaftliche gerichtet ist, dann verliert der Mensch den Zusammenhang mit dem geistigen Leben, mit dem Seelischen in seinem eigenen Innern. Persönlichkeiten wie Deubler durchschauten noch nicht, daß die Naturwissenschaft wohl neue Fragen, nicht aber neue Antworten für das Seelenleben gebiert. Seine Anschauung müßte sich immer weiter verbreiten, wenn zur Naturwissenschaft nicht eine ihr gewachsene Geisteswissenschaft hinzukäme.

Daher sind diejenigen, die sich zusammengefunden haben in der Anthroposophischen Gesellschaft, von der Meinung beseelt, daß in der neueren Geisteswissenschaft oder Anthroposophie ein Band zwischen den großen Fortschritten des im Lichte naturwissenschaftlicher Erkenntnis stehenden Lebens und dem religiösen Leben des Menschen geschaffen werden solle. Von der Naturwissenschaft kann man, wenn man wirklich in ihren Sinn eindringt, sagen: Sie führt zu einem Bilde von der Welt, in welchem das Wesentliche des Menschen gar nicht vorkommen kann. Indem ich dieses ausspreche, rede ich nicht von *meiner* Ansicht, sondern von dem, was die unbefangene Betrachtung der naturwissenschaftlichen Forschung jetzt schon mit aller Deutlichkeit erkennen läßt, und über das sich nur das Zeitalter noch täuschen konnte, das zwar die naturwissenschaftlichen Erkenntnisse mit Recht bewundern durfte, ihre Grenzen aber noch nicht anerkennen konnte. Einzelne Naturforscher haben das Richtige in gewissen Grenzen längst erkannt; und berühmt geworden ist ja jene Rede, welche *Du Bois-Reymond* in den siebziger Jahren in Leipzig gehalten hat, und die geschlossen hat mit dem Ignorabimus: Wir werden niemals wissen. Dieser bedeutende Forscher meinte: Wenn man noch so sehr die Geheimnisse der Natur mit den naturwissenschaftlichen Methoden erforscht, so findet man zuletzt niemals die Möglichkeit, dasjenige zu erkennen, was als Bewußtsein in der Menschenseele lebt, ja, man findet nicht einmal die Möglichkeit zu verstehen, was der Materie selbst zu Grunde liegt. Naturwissenschaft taugt nicht dazu, Materie und Bewußtsein, gewissermaßen die beiden Enden des Menschenlebens, zu verstehen. Man kann sagen, die Naturwissenschaft habe gewissermaßen den Menschen als geistiges Wesen herausgedrängt aus dem Weltbilde, an dem sie arbeitet. Das zeigt sich, wenn man den Blick auf die Vorstellungen richtet, die aus dem naturwissenschaftlichen Boden heraus sich über die Entwicklung des Erdenplaneten ergeben haben.

Ich weiß sehr wohl, daß diese Vorstellungen bis zum heutigen Tage vielen Wandlungen unterworfen waren, und daß vielleicht mancher dasjenige, worauf ich mich beziehe, als veraltet bezeichnen kann. Allein darum handelt es sich nicht. Dasjenige, was auch heute in dieser Richtung gesagt wird, ist aus demselben Geiste heraus vorgestellt, wie die jetzt schon ältere Kant-Laplacesche Vorstellung, von der ich reden will. Im Sinne dieser Vorstellung hat sich die Erde und das ganze Sonnensystem gebildet aus einer Art Urnebel heraus, einem Urnebel, indem nichts anderes vorhanden war als Kräfte, die eben ein Nebelgebilde enthält. Durch Drehung dieses Urnebels habe sich allmählich das System der Planeten, und innerhalb desselben die Erde gebildet, und durch die Fortentwicklung derselben Kräfte, die einstmals in diesem Urnebel enthalten waren, ist alles dasjenige entstanden, was wir jetzt auf der Erde bewundern mit Einschluß des Menschen. – Diese Ansicht findet man ungemein einleuchtend, und sie wird schon den Kindern in der Schule beigebracht. Man gibt sich der Täuschung hin, daß sie einleuchtend sei, denn man braucht nur den Kindern ein einfaches Experiment vorzumachen, und man kann glauben, die Sache bis zur offenbarsten Anschaulichkeit getrieben zu haben. Und Anschaulichkeit lieben ja viele, die in der Naturwissenschaft eine ausreichende Weltanschauung haben wollen. Man braucht nur einen Tropfen zu nehmen einer Substanz, die auf dem Wasser schwimmt, braucht durch den Tropfen in der Äquatorebene ein Stückchen Kartonpapier durchzuführen, in das man eine Nadel einsticht, welche senkrecht auf dieser Äquatorebene steht – dann läßt man den Tropfen auf der Wasseroberfläche schwimmen und dreht ihn durch die Nadel. In der Tat: es lösen sich kleine Tröpfchen ab – ein Weltensystem im kleinen entsteht! Wie sollte man nicht sagen können: Nun, seht ihr, da habt ihr ja die ganze Weltentstehung im kleinen! – Die Kinder glauben das zu begreifen, denn es scheint so einleuchtend. Es wird dabei nur immer *einiges* aus dem Auge verloren. Wenn es auch manchmal recht gut ist in der Welt, sich selbst zu vergessen, so ist es *nicht* beim naturwissenschaftlichen Experimentieren gut.

Der Tropfen würde nämlich nichts absondern von kleinen Tröpfchen, – wenn nicht der Herr Lehrer dastehen würde und die Nadel drehte. Da man aber alles dasjenige, was notwendig ist bei der Entstehung einer Sache, mit berücksichtigen muß, so müßte derjenige, der das den Leuten vormacht, ihnen auch klarmachen, daß da auch ein großer Professor oder Lehrer, ein Riesenprofessor draußen im Weltenall sein müßte, der etwas wie eine Riesennadel durch die Nebelmasse steckte und das Ganze in Rotation brächte. Und außerdem: was ist aus dem Tropfen entstanden? Nichts, als was im unzerteilten Zustande schon da war. Das Anschauliche tritt oft als Verführer der Erkenntnis auf.

Menschen allerdings mit völlig gesundem Weltempfinden lehnten solche Anschaulichkeit trotz aller naturwissenschaftlichen Autoritäten ab. Ich will ein Beispiel anführen, von dem ich auch in meinem neuesten Buche über das «Menschenrätsel» gesprochen habe. *Herman Grimm,* der große Kunstforscher, vertrat die Anschauung, daß Goethe niemals in seinem Leben sich eingelassen hätte auf die gekennzeichnete rein äußerliche Erklärung der Weltenentwicklung. Herman Grimm sagt: «Längst hatte, in seinen (Goethes) Jugendzeiten schon, die große Laplace-Kantsche Phantasie von der Entstehung und dem einstigen Untergange der Erdkugel Platz gegriffen. Aus dem in sich rotierenden Weltnebel – die Kinder bringen es bereits aus der Schule mit – formt sich der zentrale Gastropfen, aus dem hernach die Erde wird, und macht, als erstarrende Kugel, in unfaßbaren Zeiträumen alle Phasen, die Episode der Bewohnung durch das Menschengeschlecht mit einbegriffen, durch, um endlich als ausgebrannte Schlacke in die Sonne zurückzustürzen: ein langer, aber dem Publikum völlig begreiflicher Prozeß, für dessen Zustandekommen es nun weiter keines äußeren Eingreifens bedürfe, als die Bemühung irgendeiner außenstehenden Kraft, die Sonne in gleicher Heiztemperatur zu erhalten. – Es kann keine fruchtlosere Perspektive für die Zukunft gedacht werden als die, welche uns in dieser Erwartung als wissenschaftlich notwendig heute aufgedrängt werden soll. Ein Aasknochen, um den ein hungriger Hund einen Umweg machte, wäre ein erfrischendes, appetitliches Stück im Vergleiche zu diesem letzten Schöpfungsexkrement, als welches unsere Erde schließlich der Sonne wieder anheimfiele, und es ist die Wißbegier, mit der unsere Generation dergleichen aufnimmt und zu glauben vermeint, ein Zeichen kranker Phantasie, die als ein historisches Zeitphänomen zu erklären, die Gelehrten zukünftiger Epochen einmal viel Scharfsinn aufwenden werden. Niemals hat Goethe solchen Trostlosigkeiten Einlaß gewährt ...»

Was Herman Grimm empfindet in der Zeit, in der von einer Geisteswissenschaft oder Anthroposophie, wie sie hier gemeint ist, noch nicht gesprochen werden konnte, das verdient wohl berücksichtigt zu werden. Denn es zeigt, daß im Menschen eine Empfindung besteht, die nach anderer Lösung der großen Weltendaseinsfragen drängt, als diejenige ist, welche man im Sinne der – immer wieder sei es betont, daß Geisteswissenschaft die Naturwissenschaft nicht befeindet – bewunderungswürdigen Naturwissenschaft glaubt geben zu können. Nein, das gerade zeigt der wirkliche Gang der naturwissenschaftlichen Entwicklung der neueren Zeit, daß diese Entwickelung tiefgehende Fragen aufzuwerfen in der Lage ist, daß aber Antworten darauf von einer anderen Seite her kommen müssen. Und diese Antworten darauf, sie will Geisteswissenschaft oder Anthroposophie geben. Allerdings muß diese zu ganz anderen Erkenntniskräften greifen als den heute anerkannten. Ich habe über die Entwickelung dieser übersinnlichen Erkenntniskräfte durch den vorigen Vortrag, den ich hier halten durfte, gesprochen. Dieser Vortrag ist gedruckt als Broschüre: «Die Aufgabe der Geisteswissenschaft und deren Bau in Dornach». Ich will dasjenige, was in jenem Vortrage gesagt worden ist, nicht wiederholen, will nur darauf hinweisen, daß zu den gewöhnlichen Seelenkräften, die der Mensch hat und die er auch anwendet, wenn er naturwissenschaftlich erkennt, andere hinzu entwickelt werden können, und daß diese anderen Erkenntniskräfte sich zu den gewöhnlichen verhalten wie, vergleichsweise, das musikalische Ohr zu der Anschauung, die bloß auf die schwingenden Saiten des Instrumentes gerichtet ist. In der Außenwelt zeigt die vom Hören absehende Anschauung für eine Symphonie schwingende Saiten und so weiter. Dem musikalischen Ohr offenbart sich durch die Schwingungen aber ein ganz anderes. Gewissermaßen ist derjenige, der ein Geistesforscher ist, ein Mensch, welcher entwickelt hat ein Anschauungsvermögen gegenüber der Welt, das sich verhält zu der naturwissenschaftlichen Anschauung wie das musikalische Ohr zu der Anschauung, die nur auf die räumlichen Schwingungsvorgänge sich richtet. Der Geistesforscher greift zu Fähigkeiten, durch welche sich die geistige Welt offenbart wie die Symphonie durch die Schwingungsvorgänge. Ausdrücklich hinweisen möchte ich darauf, daß keineswegs jeder Mensch ein Geistesforscher zu werden braucht, welcher die Geisteswissenschaft oder Anthroposophie in entsprechender Weise für seine Seele fruchtbringend machen will. Der Geistesforscher verhält sich nicht zu dem anderen Menschen, der nicht selbst forscht, sondern nur dasjenige aufnimmt, was die Ergebnisse der Geistesforschung sind, wie der Naturforscher zu demjenigen der sich über die Ergebnisse der Naturforschung unterrichtet. Das Verhältnis ist ein anderes; und dies soll hier im Bilde besprochen werden. Der Geistesforscher selbst bereitet gewissermaßen nur das Instrument zu, das die Erkenntnis der geistigen Welt vermittelt. Dadurch, daß er sich gewisse Fähigkeiten aneignet, ist der Geistesforscher gewissermaßen in der Lage, solche Werkzeuge zu formen, durch die jeder Mensch in die geistige Welt eindringen kann, der nur unbefangen genug ist, um die Werkzeuge richtig zu gebrauchen. Man muß sich über die Natur dieser Werkzeuge nur die rechten Vorstellungen machen. Während derjenige, welcher die Werkzeuge für ein äußeres chemisches oder klinisches Experiment vorbereitet, äußere Dinge zusammenstellt, durch welche dann ein Naturgeheimnis anschaulich werden kann, bereitet der Geistesforscher ein rein seelisch-geistiges Werkzeug zu. Dieses Werkzeug sind gewisse Vorstellungen und Vorstellungszusammenhänge, die, richtig gebraucht, den Eingang in die geistige Welt erschließen.

Daher ist auch die geisteswissenschaftliche Literatur anders aufzufassen als die andere Literatur. Die naturwissenschaftliche Literatur teilt gewisse Ergebnisse mit, von denen man sich unterrichtet. Die geisteswissenschaftliche Literatur ist nicht von gleicher Art. Sie kann ein Instrument in der Seele eines jeden Menschen werden. Durchdringt man sich mit den Vorstellungen, die in ihr niedergelegt sind, dann hat man nicht ein bloßes totes Ergebnis, von dem man sich unterrichtet, vor sich, sondern man hat etwas vor sich, das den Menschen durch ein in ihm liegendes Leben mit der Geisteswelt verbindet, die man sucht. Wer ein geisteswissenschaftliches Buch durchliest, der merkt, wenn er es recht durchliest, daß dasjenige, was in dem Buche lebt, in seinem Seelenleben zum Mittel werden kann, dieses Seelenleben selber in eine Art Mitschwingung mit dem geistigen Dasein zu bringen; und er faßt dasjenige, was er sonst nur mit den Sinnen und dem an die Sinne gebundenen Verstand auffaßt, nunmehr geistig auf. – Wenn dies noch wenig erkannt wird und die geisteswissenschaftliche Literatur so genommen wird wie eine andere, so ist der Grund einzig und allein darinnen zu suchen, daß wir erst am Anfange der geisteswissenschaftlichen Entwickelung stehen. Wird diese fortschreiten, dann wird man immer mehr und mehr erkennen, daß man in einem wirklich echt geisteswissenschaftlich geschriebenen Buch nicht etwas vor sich hat wie in einem andern, sondern etwas wie ein Instrument, das nicht bloß Erkenntnisergebnisse mitteilt, sondern durch das man sich solche Ergebnisse selbsttätig verschafft. Nur muß man sich klar sein darüber, daß das geisteswissenschaftliche Instrument eben ein rein geistig-seelisches ist, daß es in gewissen ganz bestimmt belebten Vorstellungen und Ideen besteht, die sich unterscheiden von allen andern Vorstellungen und Ideen, weil sie nicht wie diese *Bilder*, sondern *lebendige Wirklichkeiten* sind. – Betont muß allerdings werden, daß auch bei dem heutigen Stande der Geisteswissenschaft *jeder*, der es anstrebt, bis zu einem gewissen Grade selbst Geistesforscher werden kann. Notwendig ist dieses aber nicht, wenn man im Sinne des eben Besprochenen die geisteswissenschaftliche Erkenntnis für die Seele fruchtbar machen will.

Und gerade aus dem Grund, weil Geisteswissenschaft oder Anthroposophie noch im Anfange ihrer Entwickelung ist, erscheint es ganz begreiflich, ja selbstverständlich, daß man heute noch den Ergebnissen, zu denen man durch die entwickelten Fähigkeiten des Geistesforschers kommt, mit zweifelnden Vorstellungen begegnet, daß man sie auch wohl belächelt, ja verhöhnt. Aber diese Zweifel, dieses Verhöhnen, sie werden im Laufe der Zeit immer mehr und mehr schwinden, wenn die angedeuteten Bedürfnisse, die heute noch in der Mehrzahl der Menschen schlummern, aufwachen werden. Und wie für manches, was für die Menschheit im Laufe ihrer Entwickelung sich ergeben hat, so wird auch für Geisteswissenschaft die allgemeine Anerkennung kommen.

Der Geistesforscher erkennt zunächst, daß in dem Menschen, wie er den Sinnen und dem an die Sinne sich haltenden Verstand erscheint, wie er auch erforscht werden kann von der mit äußeren Mitteln arbeitenden Naturwissenschaft, nur ein Teil, nur ein Glied der ganzen menschlichen Wesenheit gegeben ist, und daß innerhalb der ganzen menschlichen Natur zu diesem Sinnenmenschen, zu dem physischen äußeren Menschen, hinzukommt ein *übersinnlicher* Mensch, der in dem sinnlichen Menschen wirkt und lebt, und ohne den der sinnliche Mensch in jedem Augenblicke seines Lebens zum Leichnam zerfallen müßte. Denn der Geistesforscher entdeckt, daß ebenso wie man durch das physische Auge die Farbe sieht, man durch das – um diesen Goetheschen Ausdruck zu gebrauchen – «geistige

Auge» innerhalb dieses physischen Menschen den sogenannten – auf den Ausdruck kommt es nicht an, und ich bitte, sich durchaus nicht an Worten zu stoßen; ich könnte ebensogut ein anderes Wort gebrauchen – *ätherischen* Menschenleib wahrnehmen kann. In dem physischen Menschenleib steckt der ätherische Menschenleib übersinnlich darinnen, der nicht durch physische Augen gesehen werden kann, sondern der mit dem geistigen Auge geschaut werden muß. Man kann darüber spotten, daß der Geistesforscher zu dem physischen Menschen diesen ätherischen Menschen hinzufügt; allein so wie der Mensch als physischer die Kräfte und Stoffe in sich hat mit ihren Wirksamkeiten, die in seiner physischen Erdenumgebung sind, so hat er in sich auch geistige Kräfte, die er mit einer geistigen Umwelt gemeinsam hat. Zunächst berücksichtigen wir diejenigen des sogenannten Ätherleibes. Dieser besteht in gewissen übersinnlich zu nennenden Kräften. Und diese Kräfte kann man ebenso in der Umgebung des Menschen aufsuchen, wie man die physischen Kräfte, die der Mensch in sich trägt, durch Naturwissenschaft in der irdischen Umgebung finden kann. Aber man muß dann eben mit dem «geistigen Auge» dasjenige schauen, was geistig in unserer Umgebung ist.

Nun will ich zunächst ein Ergebnis besprechen, welches einen gewissen Zusammenhang zeigen soll, der besteht zwischen geistigen Vorgängen in der menschlichen Weltumgebung und den Kräften im Menschen, welche seinen Ätherleib bilden. Mit dem gewöhnlichen menschlichen Anschauen verfolgt man im Verlaufe eines Jahres, wie, wenn der Frühling kommt, die Pflanzen aufsprießen, wie sie immer mehr und mehr Grünes, wie sie dann später die farbigen Blüten entwickeln, wie die Früchte sich bilden. Man erlebt weiter das Abwelken, das Vergehen der Pflanzen. Man nimmt wahr abwechselnd das sommerliche Gedeihen in der Natur und das winterliche Ruhevolle. So stellt sich zunächst für die äußere Sinnesbeobachtung der Jahreslauf dar. Aber für diese Sinnesbeobachtung stellt sich eben nur dasjenige dar, was sich zu dem Geistigen verhält wie die schwingenden Saiten zu den sich auslebenden Tonmassen. Das «geistige Auge» fügt zu diesem Wechsel im Gedeihen und in der Ruhe, der da ist für den Geistesforscher wie die schwingende Saite für das musikalische Ohr, eine Art geistigen Hörens und geistigen Schauens hinzu. Und während man physisch aus der Erde heraussprießen sieht die Pflanzen, so wie sie für das physische Auge wahrnehmbar sind, so schaut der Geistesforscher in dem Maße, in dem die Pflanzen aus der Erde herauskommen, von der Umgebung der Erde, von dem Außerirdischen her sich Wesenhaftes gegen die Erde zu bewegen. So paradox das für die gegenwärtige Vorstellungswelt auch noch klingen mag, es ist eine Wirklichkeit, daß das «geistige Auge» ein reiches Leben aus der Erdumgebung auf der Erde mit jedem Frühling einströmen sieht, ein Leben, das im Winter nicht einströmt. Während man mit dem physischen Auge nur vom Boden herauf die physischen Pflanzen erwachsen sieht, schaut man aus der ganzen kosmischen Weltumgebung herein geistige Wesenheiten, ätherische Wesenheiten gewissermaßen herniederwachsen. Und in demselben Maße, in dem die physischen Pflanzen immer vollkommener werden, sieht man, wie gewissermaßen dasjenige aus der ätherischen Erdenumgebung verschwindet, was als lebendige Geisteswesen sich hineinsenkt in das dem Erdboden entwachsende Pflanzenleben. Und erst, wenn die Frucht sich zu entwickeln beginnt, wenn die Blüten zu verwelken beginnen, erst wenn der Herbst naht, dann sieht man, wie dasjenige, was sich verbunden hat mit dem Irdischen, was gewissermaßen verschwunden ist innerhalb der Pflanzenwelt, sich wieder zurückzieht in den die Erde umgebenden Raum. Und so erschaut man geistig ein Ein- und Ausströmen eines übersinnlichen Elementes in das Erdenwesen vom Frühling bis in den Herbst hinein. Es wachsen gleichsam aus dem Ätherischen lebendige, übersinnliche Pflanzen heraus, die in die physischen Pflanzen hinein verschwinden. – Ein anderes geistiges Erlebnis gibt die Winterzeit. Derjenige, welcher den Winter bloß erlebt, indem er den Schnee anschaut, die Kälte empfindet, der weiß nicht, daß die Erde im Winter als Erde etwas ganz anderes ist als im Sommer. Die Erde hat nämlich ein viel intensiveres, regeres geistiges Eigenleben während der Winterszeit als während der Sommerszeit. Und lebt man sich in diese Verhältnisse hinein, dann erlebt man den Wechsel des ätherischen Winter-Sommer-Lebens; man erlebt ein Geistiges, das sich in einem gewissen Sinne vergleichen läßt dem Wechsel des menschlichen Erlebens durch das Einschlafen und Aufwachen hindurch. (Es kann innerhalb dieser kurzen Ausführungen nicht gezeigt werden, daß die geschilderten Erlebnisse nicht in Widerspruch stehen mit den Bewegungsverhältnissen des Erdkörpers. Wer sich auf die Geisteswissenschaft näher einläßt, der wird bald erkennen, daß Einwände keine Bedeutung haben wie dieser: ja aber die Erde dreht sich doch, – et cetera.)

Man lernt so erkennen, wie gewisse Wesenheiten im Winter nicht mit der Erde verbunden sind, sondern nur in der kosmischen Umgebung der Erde sind, wie diese Wesenheiten mit dem Frühling heruntersteigen zur Erde, sich mit dem Pflanzenleben verbinden, und gewissermaßen eine Art von Ruhe dadurch genießen, daß sie sich mit dem Erdenleben verbinden. Diese Ruhe, welche diese Wesen innerhalb der Erde finden, die regt aber dadurch, daß Geistiges sich mit der Erde verbunden hat, das Erdenleben selber an; und im Winter hat die Erde selber als Wesen etwas wie eine Erinnerung an dieses sommerliche Zusammensein mit Wesenheiten des außerirdischen Weltenraumes. Dasjenige, was sonst gar nicht geahnt wird, das offenbart sich dem geisteswissenschaftlichen Erkennen aus der umgebenden Natur heraus; es ist, wie wenn man plötzlich hörend würde und aus der schwingenden Saite die Tonmasse herausklingen hörte, die man vorher, weil man taub war, nicht hören konnte. Man lernt das ätherische Leben kennen. Dieses ätherische Leben zeigt, daß gewisse Wesenheiten der Erdumgebung, die mit anderen Weltenkörpern verbunden sind, sich während des Sommers mit der Erde verbinden und während des Winters sich wieder zurückziehen. Es bedingt dieses Leben, daß gewissermaßen die Erde – die Erde als Wesen, jetzt nicht als toter Körper, den die Geologie oder die sonstige äußere Naturwissenschaft betrachtet – während der Sommerszeit schläft, während der Winterzeit aber *wachend* lebt, in lebendigen Erinnerungen an dasjenige, was sich im Sommer mit ihr verbunden hat. Gerade das Gegenteil von dem ist nämlich richtig, was man durch allerlei Analogieschlüsse sich mit Bezug auf das Erdenleben etwa vorstellen möchte. Durch solche Schlüsse könnte man glauben, daß die Erde im Frühling aufwacht und im Herbst einschläft; die Geisteswissenschaft bringt aber die Erkenntnis, daß die warme, schwüle Sommerszeit die Schlafenszeit der Erde ist, und die kalte, mit der Schneedecke die Erde umhüllende Zeit die des Wachens der Erde ist. (Wer ein solches Erlebnis in rechter Art versteht, für den entfällt der billige Einwand: der Vergleich mit dem musikalischen Hören erweise die Geisteswissenschaft als bloß Subjektives, wie die künstlerische Auffassung. Denn die im Erdorganismus eintretende Folge des für die Sommerzeit Geschauten zeigt das Objektive des Vorganges.)

Ich betone ausdrücklich: Geisteswissenschaft bildet keine anthropomorphistischen Begriffe aus, wie gewisse Philosophen des 19. Jahrhunderts (Fechner zum Beipiel), sondern sie gibt Anschauungen, wirkliche geistige Wahrnehmungen; und diese zeigen sich meist sehr verschieden von den anthropomorphistischen Vorstellungen. Schon daraus könnten gewisse Gegner der Geisteswissenschaft ersehen, wie unbegründet es ist, diese mit anthropomorphistisch denkender Philosophie zu verwechseln. Wenn man sich durchdringt mit der Erkenntnis, die aus solchen Beobachtungen fließt, dann lernt man verstehen, wie das menschliche Leben selber sich gestaltet. Denn von allen Rätseln, die uns in der Außenwelt entgegentreten, ist das menschliche Leben selber das allergrößte. Nun kann ich selbstverständlich in einem kurzen Vortrage nur ganz weniges von dem skizzenhaft andeuten, was Geisteswissenschaft oder Anthroposophie zu sagen hat über die Rätsel des menschlichen Lebens. Aber andeuten will ich, wie geistiges Schauen einen fortlaufenden Rhythmus wahrnimmt im menschlichen Leben. Es erkennt dieses Schauen als erstes Glied in diesem Rhythmus die Periode der Kindheit. (Die Zeit, die an sich interessant zu beobachten ist, von der Empfängnis bis zur Geburt, soll hier übergangen werden.) Die Kindheitszeit von der Geburt bis zu einem gerade für die geistige Betrachtungsweise außerordentlich interessanten Abschnitte, bis zum Erwachsen der zweiten Zähne, ungefähr also bis zum sechsten oder siebenten Jahre, muß die erste Periode im Lebensrhythmus des Menschen sein, den Geisteswissenschaft betrachtet.

Diese erste Periode der Entwicklung bildet in dem Menschen unermeßlich vieles aus, so daß einsichtige Pädagogen gesagt haben: «Der Mensch lernt von seiner Mutter oder Amme, selbst wenn er ein Weltumsegler wird, in seinen ersten Lebensjahren mehr als von allen Völkern er lernen kann während seines ganzen übrigens Lebens.» Von allem andern abgesehen, fällt in diese Periode die Aneignung der Fähigkeit zur aufrechten Haltung, der Sprachfähigkeit, der Denk- und Erinnerungsfähigkeit, dann die Arbeit derjenigen inneren Kräfte, welche mit dem Hervorbringen der zweiten Zähne einen gewissen Abschluß finden. Alle diese Entwickelungsvorgänge stellen sich nun für den Geistesforscher so dar, daß sie ihm als von irdischen Kräften hervorgebracht erscheinen. Er muß allerdings zu dem, was die Sinne im Bereich des Erdendaseins wahrnehmen können, dasjenige hinzufügen, was das «geistige Auge» innerhalb der Erdenentwicklung sieht. Aber dasjenige, was bis etwa zum siebenten Jahre im Menschen vorgeht, es ist zu begreifen aus dem Umfang der Kräfte heraus, die im Erdenbereich zu finden sind. (Es braucht kaum gesagt zu werden, daß mit diesem nicht gemeint ist, daß Geistesforschung schon alle Geheimnisse dieser menschlichen Entwicklungsperiode erforscht hat, sondern nur, daß eine ins

Unbegrenzte gehende Forschung das hier in Betracht kommende im Erdendasein wird zu suchen haben.)

Vom Zahnwechsel an beginnt im menschlichen Leben ein zweiter Abschnitt, der bis ungefähr zum vierzehnten Jahre dauert, wo der Mensch in die physische Reife eintritt. Für diesen Abschnitt erkennt die Geistesforschung, daß die im physischen Leibe sich offenbarenden Vorgänge nicht mehr zu erklären sind aus dem, was auf der Erde selber wirksam ist, sondern aus außerirdischen Kräften, nämlich solchen, die von gleicher Art sind wie diejenigen, die für das Leben der Pflanzen im Jahreslauf beschrieben worden sind. Dasjenige außerirdische Geistesleben (Ätherleben), das für die Pflanzenwelt in Betracht kommt, wirkt in der zweiten menschlichen Lebensperiode; jedoch so, daß der Vorgang, der für die Pflanzenentwicklung der Erde im Wechselverhältnis mit dem Außerirdischen sich in einem Jahre abspielt, sich beim Menschen in ungefähr sieben Jahren vollzieht. (Dies alles wird nicht gesagt mit einem mystischen Seitenblick auf die Siebenzahl, sondern aus den Ergebnissen der geistigen Beobachtung heraus.) Es muß betont werden, daß die Wirkenskräfte in der zweiten menschlichen Lebensperiode nur *der Art nach* gleich sind denen, die vom Außerirdischen in das Pflanzenwachstum hineinwirken. Bei der Pflanze findet ein tatsächliches Einwirken des Außerirdischen statt; im Menschen werden innerhalb seines Organismus dieselben Kräfte tätig, ohne daß eine tatsächliche Einwirkung vom Außerirdischen her räumlich stattfindet. Was also ätherisch in der Entfaltung und im Verwelken der Pflanzenwelt im Laufe des Jahres wirkt, das lebt wie eingeschlossen im menschlichen Organismus als Ätherleib. Die Entwickelungsvorgänge der zweiten Lebensepoche im allgemeinen Lebensrhythmus vom siebenten bis vierzehnten Jahre geschehen unter dem Einflusse dieser Kräfte. Dadurch, daß der Mensch die Kräfte für diese Entwicklungsvorgänge in sich birgt, stellt er sich dar nicht mehr als ein bloß irdisches Wesen, sondern als das Abbild eines Außerirdischen, wenn auch zunächst noch eines wenigstens im Sinnenraume vorhandenen Außerirdischen. Durch Erdenkräfte wird insbesondere dasjenige entwickelt, was im menschlichen Gehirn zur Ausbildung kommt.

So sonderbar dies klingt den heute gebräuchlichen Vorstellungen gegenüber: Das Gehirn ist am meisten irdisches Erzeugnis. Äußerlich zeigt sich dieses übrigens dadurch, daß bis zu einem hohen Grade eben um das siebente Jahr herum das menschliche Gehirn zu einer Art von Abschluß in seiner Entwickelung gekommen ist, nicht in der Entwickelung, die besteht in der Aufnahme von Begriffen und Ideen selbstverständlich, sondern in seiner inneren Formung, Gestaltung, im Verfestigen seiner Teile und so weiter. – Zu dem, was bis zum siebenten Jahre sich an der Entwickelung des Menschenleibes beteiligt hat, muß nun etwas treten, was nicht innerhalb des Irdischen enthalten ist, sondern aus dem Außerirdischen stammt, und was unter anderm auch bewirkt, daß nunmehr vom siebenten bis zum vierzehnte Jahre die Kräfte, die der Mensch außer seinem Haupte, außer seinem Gehirne im übrigen Organismus entwickelt, sich heraufdrängen auch in die Kopf- und Antlitzentwickelung. Der Mensch gebiert gleichsam mit dem siebenten Jahre einen überirdischen ätherischen Menschen in sich, der frei und lebendig in ihm wirkt. So wie sein physischer Leib mit der Geburt ins physische Dasein tritt, so tritt jetzt ein ätherischer, ein überirdischer Leib ins Dasein.

Und die Folge davon ist, daß sich dasjenige deutlicher darstellt, was in den Gesichtszügen sich ausdrückt. Durch den Ätherleib wird auch das Atmungs- und Zirkulationssystem in einer individuelleren Art beeinflußt. Dadurch aber, daß nunmehr nicht ausschließlich die irdischen Kräfte tätig sind, sondern daß der ätherische Leib in die physische Organisation eingreift und das Außerirdische der Menschennatur eingestaltet, dadurch entwickelt sich erst jene Innerlichkeit, die dann durch das weitere Leben den Menschen begleitet als die leibliche Ausgestaltung seines Gemüts- und Gefühlslebens. Indem die Geistesforschung diesen ätherischen Leib erkennt, den der Mensch mit den Pflanzen gemein hat, hat sie die menschliche Natur noch nicht erschöpft. Wenn die Geistesforschung die Aufmerksamkeit zur Tierwelt wendet, dann findet sie, daß da ein weiteres Übersinnliches lebt; ein Übersinnliches, das nicht gefunden wird wie das Übersinnliche der Pflanzenwelt in der außerirdischen Umgebung. Man gelangt da zu einem geistig Wirklichen, das weder innerhalb des Irdischen noch innerhalb jenes Außerirdischen gefunden werden kann, das noch sich durch Sinnliches offenbart. Es ist dies ein Übersinnliches, das im Menschen schon vorhanden ist von seiner Geburt, ja von seiner Empfängnis an, das aber wirksam in die Leibesorganisation erst ungefähr vom vierzehnten Jahre an eintritt. Dieses Übersinnliche wirkt nicht wie das Ätherische in dem Raume, der uns als Erdenmenschen umgibt. Ich habe nun vorhin angedeutet, wie durch die Geistesforschung die Erde so erkannt werden kann, daß man in ihr gewahr wird, wie sie während des Winters als Erinnerung festhält, was sie während des Sommers im Zusammenhang mit außerirdischen Kräften erlebt hat. Im weiteren Verfolge dieser Erkenntnis des Geistigen der Erde wird man erkennen, wie derjenige Erdenkörper, auf dem wir jetzt leben, gerade so ein Nachkomme eines vorirdischen Planeten ist wie der Sohn gegenüber dem Vater; nur daß der Sohn seinem Vater an Gestalt gleicht; der Erdenkörper aber ist wie ein Nachkomme hervorgegangen aus einem anderen planetarischen Wesen, dem er nur wenig gleicht. Dieses planetarische Wesen lernt man erkennen, wenn man die Erde beobachten kann im Winter, wo sie gewissermaßen wach wird, wo sie eine Art Gedächtnis entwickelt. Denn in dem Geistigen, das da innerhalb der Erde sich offenbart, ist auch jetzt noch gewissermaßen das Erinnerungsbild festgehalten an den Zustand, den derjenige Weltenkörper durchgemacht hat, der zur Erde geworden ist.

Diese Dinge klingen heute noch paradox, für viele sogar töricht oder verrückt; aber so haben alle diejenigen Dinge zuerst geklungen, die in der Wissenschaft später als selbstverständlich anerkannt worden sind. In dem Weltenkörper, aus dem die Erde geworden ist, war dasjenige noch gar nicht vorhanden, was jetzt Mineralreich ist. Es ist ein langer Weg, den die Geistesforschung durchmachen muß, um zur Anerkennung der Tatsache zu kommen, daß die Erde aus einem planetarischen Vorgänger sich entwickelt hat, auf dem ein Mineralreich noch nicht vorhanden war. Dasjenige, was heute als Ätherisches außerirdisch wirkt, und was sich nur während der Sommerszeit vereinigt mit dem Erdenleib, das war noch nicht so von dem planetarischen Vorfahren der Erde getrennt, wie es von dem Erdenleib getrennt ist. Dieser Vorfahre war, bevor sich das mineralische Reich entwickelt hat, ein Wesen, das selber lebendig war. Er war als Ganzes ein Lebewesen.

Schaut das «geistige Auge», wie die gegenwärtige Erde aus einem ihr vorangehenden Lebendigen geworden ist, so gewinnt es dadurch auch die Fähigkeit, dasjenige Übersinnliche zu erkennen, das im Menschen und auch im Tiere als ein solches wirksam ist, und welches weder in dem irdischen Raum, noch in dem außerirdischen gegenwärtig gefunden werden kann. Es ist schon im Tierischen wirksam, allein im Menschen auf eine höhere Art. Der menschliche Organismus ist Träger dieses Übersinnlichen von seinem Lebensbeginne an; und er ist so gestaltet, daß er dieser Träger sein kann. Allein ungefähr vom vierzehnten Lebensjahre an zeigt dieses Übersinnliche in den Leibesvorgängen eine besondere *selbständige* Wirksamkeit, die vorher nicht vorhanden war. Die Beobachtung dieser Wirksamkeit durch das «geistige Auge» gibt eine der Möglichkeiten (von andern soll hier abgesehen werden), ein drittes Glied der Menschennatur, den astralischen oder Seelenleib zu erkennen. (Wieder soll berücksichtigt werden, daß der Name gleichgültig ist und durch jeden andern ersetzt werden könnte.) Für ein Vorstellen, das in solche Gedankengänge nicht eingewöhnt ist, wird es anfänglich nicht leicht, auseinanderzuhalten, wie der astralische Leib vor und nach dem vierzehnten Lebensjahre im Menschen zu denken ist. Diese und ähnliche Schwierigkeiten können erst bei längerer Bekanntschaft mit der Geistesforschung überwunden werden.

Ungefähr vom einundzwanzigsten Lebensjahre ab greift ein weiteres übersinnliches Glied auf besondere Art in die menschliche Leibesorganisation ein, dasjenige, welches der eigentliche Träger des *Ich*, des menschlichen Selbstes ist. Dieses Glied seiner Wesenheit erhebt den Menschen über die Tierheit. – Nun wird man insbesondere diesem Gliede der menschlichen Wesenheit gegenüber fragen müssen, in welchem Sinne die Geisteswissenschaft behauptet, daß es sich erst in der vierten Lebensperiode als selbständig wirksam zeige, da doch ersichtlich ist, daß ihm der Mensch die Eigenschaften verdanken muß, die ihn schon während der Kindheit über das Tier erheben: Die aufrechte Haltung, die Sprachfähigkeit und so weiter. Die Lösung dieses scheinbaren Widerspruches ergibt sich aus der Erkenntnis von der besonderen übersinnlichen Wesenheit des menschlichen «Ich». Der Mensch ist nämlich einerseits so organisiert, daß sich in seiner Entwickelung die *selbständige* Ausgestaltung des Ich in der Leibesorganisation erst im vierten Lebensabschnitt ergibt; andererseits aber entwickelt sich das «Ich» durch wiederholte Erdenleben hindurch. Hätte das «Ich» nur die Kräfte, die ihm in *einem* Erdenleben werden können, so müßte es mit der Entfaltung dieser Kräfte warten, bis ihm im vierten Lebensabschnitt sein Leib dazu die Möglichkeit gibt. Aber es tritt in dieses Erdenleben, nachdem es frühere durchgelebt hat. Und diese Kräfte, die es zu wiederholten Erdenleben befähigen, bringen es dazu, auf gewisse Teile der Leibesorganisation so zu wirken, daß in dieser Gestaltungen von der genannten Art vor dem vierten Lebensabschnitt auftreten. Und demselben Umstande ist es zuzuschreiben, daß durch das «Ich» auch der astralische Leib zu einer früheren Wirksamkeit im physischen Organismus gebracht wird, als durch die Wesenheit desselben selbst bedingt ist. – Gerade dadurch, daß die Geistesforschung ihre Beobachtung einstellt auf den Unterschied, wie im menschlichen Organismus das «Ich» vor dem Eintritt des vierten Lebensabschnittes und nach demselben wirkt, erkennt sie, wie das eigentliche Menschenwesen auf Erden wiederholte Leben durchläuft, zwischen denen lange Zeitabschnitte rein geistigen Daseins zwischen Tod und neuer Geburt liegen.

Ich habe damit einiges geschildert aus der anthroposophischen Weltanschauung, das allerdings nur ganz skizzenhaft vorgetragen werden konnte, denn ich müßte viele Stunden reden, wenn ich auch nur annähernd über den Forschungsweg berichten wollte, welcher dazu führt, solche Gedanken auszusprechen, wie sie hier ausgesprochen worden sind. Vielleicht kann man aus dem Gesagten aber auch einen Begriff davon erhalten, daß diese Dinge durchaus auf einer sorgfältigen, gewissenhaften Forschung beruhen, welche die Anwendung besonders entwickelter Erkenntnisarten voraussetzt, und nicht auf willkürlichem Walten einer phantastischen Spekulation oder Philosophie. Durch diese Forschung wird zu demjenigen, was die Naturwissenschaft zu sagen vermag über das Leibliche des Menschen, das Geistige hinzugefügt, das uns ebenso umgibt, wie uns als physische Wesen die physische Außenwelt umgibt.

In dieser Welt, die durch Geistesforschung offenbar wird, begegnen uns zunächst Wesen, die ebenso ätherisch auf die Erde herunterwachsen, wie die Pflanzen physisch aus der Erde heraufwachsen. In diesen Ätherpflanzen haben wir sozusagen die ersten Vorboten von geistigen Wesen und geistigen Kräften, in die wir hineinwachsen, ebenso, wie wir durch unsere Sinne in die Sinnenwelt hineinwachsen. Aber indem wir die geistige Welt kennen lernen, diejenige, aus der das menschliche Astralleben, das menschliche Ich stammen, lernen wir eine geistige Welt mit wirklichen geistigen Wesenheiten in unserer Umgebung kennen, der wir mit der Seele angehören, wie wir mit dem Leibe der physischen Welt angehören, die Welt, in der die Menschen sind, die schon vor uns durch die Pforte des Todes gegangen sind. Auch diesmal soll wieder besonders betont werden, daß nicht geglaubt werden darf, die Geistesforschung suche irgendeine Beziehung zu den Toten – ich habe schon in dem früheren Vortrage davon gesprochen – von der menschlichen Willkür aus. Wenn wir in die Nähe eines Toten kommen sollen, dann muß das von dem Toten selber ausgehen. Dann wird es allerdings möglich, daß wir durch *seinen* Willen eine Offenbarung von ihm in das Anschauen des «geistigen Auges» herein erhalten können, wie wir andere Erkenntnisse aus der geistigen Welt erhalten. Doch gehört alles, was aus diesem Bereich kommt, zu demjenigen, dem sich der Geistesforscher stets nur mit ehrfürchtiger Scheu nähern wird. Dasjenige, was wir aber von der geistigen Welt durch die willentliche Entwickelung unserer Fähigkeiten erkennen können, das ist dasjenige, was *uns selber* angeht, was enthält Antworten, welche ersehnt werden von denjenigen Menschen, die im Sinne des heutigen Vortrages geistige Bedürfnisse empfinden, die durchaus naturgemäß aus der gegenwärtigen Entwicklungsepoche der Menschheit sich ergeben.

Ebenso notwendig, wie diese Entwickelungsepoche zur neueren Naturerkenntnis geführt hat, ebenso wird sie zur Geisteswissenschaft führen. Immer mehr Menschen werden erkennen, was heute noch vielfach angezweifelt ist, daß Geisteswissenschaft *nicht im geringsten* der religiösen Empfindung, dem religiösen Leben des Menschen Abbruch tut, sondern, im Gegenteil, daß sie das Band bilden wird, das gerade den im naturwissenschaftlichen Zeitalter sich entwickelnden Menschen wiederum knüpfen wird an die Geheimnisse, die ihm durch die religiösen Offenbarungen zuteil werden können. Echte Geisteswissenschaft ist weder in irgendeinem Widerspruche mit der Naturwissenschaft, noch kann sie jemanden dem religiösen Leben entfremden.

Die Naturwissenschaft hat selber im Laufe der letzten Zeit zu der Erkenntnis geführt, daß sie eine große Frage ist, daß zu ihr etwas hinzukommen muß, wenn sie selbst dem Menschen wahrhaftig verständlich werden soll. Was ich nun zunächst sage über die Tatsache, daß die Naturwissenschaft heute schon über ihr Gebiet hinausweist, wenn sie auf die Menschenrätsel blickt, möchte ich hier nicht aufbauen auf meine persönliche Ansicht über die Naturwissenschaft. Von solchen persönlichen Ansichten im gewöhnlichen Sinne wird man durch die Geistesforschung abgebracht, die immer mehr dazu führt, nicht aus subjektiven Erwägungen heraus zu sprechen, sondern die Entwickelung der Tatsachen selbst sprechen zu lassen. So möchte ich auch hier von dem sprechen, was das geschichtliche Werden der Naturwissenschaft in der letzten Zeit selbst zum Ausdruck bringt. Da darf ich hinweisen auf eine Tatsache, die immerhin interessant ist vom Gesichtspunkte einer Aufklärung über die naturwissenschaftliche Entwicklung in der neuesten Zeit.

Die großen Hoffnungen, die man aus dem Darwinismus, auch die, welche man aus der Spektralanalyse, aus den chemischen, den biologischen Fortschritten geschöpft hat, waren besonders entwickelt in der Mitte des 19. Jahrhunderts. Da schrieb Ende der sechziger Jahre dieses Jahrhunderts *Eduard von Hartmann* seine «Philosophie des Unbewußten». In dieser sprach noch nicht ein Geistesforscher, sondern es sprach ein Mensch, welcher auf dasjenige, was als Tatsache durch die Geistesforschung erst für die Menschen erobert werden wird, zunächst durch Hypothesen, manchmal noch recht unlogische Hypothesen hindeutete. Eduard von Hartmann weist so auf ein geistig Wesenhaftes hinter der physischen Welt hin, das er – was anfechtbar ist – das «Unbewußte» nennt. Er ahnt philosophisch das, was durch die Geisteswissenschaft tatsächlich gegeben werden kann. Weil er das Geistige philosophisch notwendig voraussetzte, konnte er – trotz der bewundernswerten Gestaltung, welche der materialistische Darwinismus, überhaupt die Naturwissenschaft, in den sechziger Jahren bereits angenommen hatte – nicht übereinstimmen mit dem, was die Naturforscher damals vielfach glaubten, nämlich daß die Erkenntnis der physikalisch-chemischen Kräfte und der äußerlich wahrnehmbaren biologischen Kräfte eine Anschauung über *geistige* Wirkenskräfte als unwissenschaftlich erscheinen lasse. Er versuchte deshalb, zu zeigen, wie dasjenige, was der Darwinismus erkennt, überall auf geistige Kräfte im Werden der Lebewesen hinweist.

Wie nahmen nun gewisse Naturforscher dasjenige auf, was Eduard von Hartmann vorbrachte? Ungefähr so, wie heute gewisse Leute dasjenige aufnehmen, was die Geistesforschung vorbringt, insbesondere diejenigen, welche sich in eine naturwissenschaftliche Weltanschauung so eingewöhnt haben, daß ihnen alles wüste Phantasie ist, was nicht mit ihrer Ansicht zusammenstimmt. Solche Persönlichkeiten, die beim Auftreten Eduard von Hartmanns glaubten, allein die echte, wahre Wissenschaft zu besitzen, sie ließen sich etwa so vernehmen: Nun, der Eduard von Hartmann ist eben ein Dilettant; er weiß nichts von dem, was der wahre Nerv der Ergebnisse der Naturwissenschaft ist; man brauche durch diese laienhafte «Philosophie des Unbewußten» sich nicht irre machen zu lassen. Viele Erwiderungen erschienen, die Hartmann alle als einen Dilettanten hinstellten; die zeigen wollten, daß er eben dasjenige, was die Naturwissenschaft zu sagen hat, nicht verstehe.

Unter den vielen Erwiderungsschriften erschien auch eine von einem Mann, der sich zunächst nicht nannte, eine gedankenvolle Schrift, geschrieben aus echt naturwissenschaftlichem Geist im Sinne der Hartmann streng ablehnenden Naturforschung. Für Hartmann schien diese Kritik seiner naturwissenschaftlichen Torheiten vernichtend zu sein. Bedeutende Naturforscher sagten *ungefähr* dazumal: Schade, daß dieser Unbekannte sich uns nicht genannt hat, denn er hat den Geist eines echten Naturforschers, der weiß, auf was es in der Naturforschung ankommt. Er nenne sich uns, und wir betrachten ihn als einen der Unseren. Und dieses Urteil der Naturforscher hat viel dazu beigetragen, daß dieses Schriftchen sehr bald abgesetzt worden ist. Es wurde nach kurzer Zeit eine zweite Auflage nötig, und jetzt nannte sich der vorher unbekannte Verfasser; und dieser Verfasser war – *Eduard von Hartmann!* Das war einmal eine Lektion, die erteilt worden ist allen denjenigen, welche aus einem solchen Geiste heraus über das ihnen Fremde aburteilen, wie das die naturwissenschaftlichen Gegner Hartmanns getan haben. So wie Eduard von Hartmann dazumal gezeigt hat, daß er gerade so wissenschaftlich reden konnte wie Naturforscher selber, so könnte auch der heutige Geistesforscher, ohne sich besonders anzustrengen, all dasjenige vorbringen, was sehr häufig von denjenigen gesagt wird, die über ihn als Phantasten aburteilen, als über einen Menschen, dem wissenschaftliches Denken fernliegt. Ich bringe dieses hier vor, nicht um etwas zu sagen, wodurch der oder jener getroffen werden soll; sondern um darauf hinzuweisen, wie es oftmals mit den Widerlegungen steht, die von der sich selber wahrhaft wissenschaftlich dünkenden Welt gegen ihr fremdartige Erkenntnisse ins Feld geführt werden.

Doch diese Sache ist damit nicht erschöpft. Einer der bedeutendsten Schüler Haeckels, also derjenigen Persönlichkeit, die am radikalsten die materialistische Richtung des Darwinismus vertreten wollte, *Oscar Hertwig*, der eine ganze Reihe von Büchern über Biologie geschrieben hat, liefert in seinem neuesten, höchst bedeutenden Werk: «Das Werden der Organismen, eine Widerlegung von Darwins Zufallstheorie», eine Darlegung der vollkommenen wissenschaftlichen Ohnmacht des materialistisch gefärbten Darwinismus gegenüber den Fragen des Lebens. In diesem Buche ist von dem Gesichtspunkte des Naturforschers selbst der Beweis erbracht, daß die Hoffnungen, die Haeckel und andere für die Lösung der Lebensfragen auf den Darwinismus gesetzt haben, unbegründet waren. (Ich möchte auch hier ausdrücklich erwähnen, daß ich die großen Leistungen Haeckels für die naturwissenschaftliche Weltanschauung innerhalb ihres Gebietes heute noch ebenso anerkenne wie vor Jahren. Ich glaube heute und glaubte immer, daß die richtige Würdigung des von Haeckel Geleisteten am besten über seine einseitigen Anschauungen hinausführt. Daß er selbst diese Einsicht nicht gewinnen kann, ist durchaus begreiflich.) Oscar Hertwig zitiert oft Eduard von Hartmann in dem genannten Buche; und er weist sogar hin auf Urteile Hartmanns, die vernichtend sind für die einstmaligen darwinistischen Gegner dieses Philosophen.

Aus solchen Tatsachen ist zu ersehen, wie die naturwissenschaftliche Weltanschauung sich entwickelt hat; ihre bedeutendsten Vertreter sprechen heute deutlich aus, worin sie in der neueren Zeit völlig sich verirrt hat. Das wird man immer mehr und mehr erkennen; und mit dem Erkennen dieser Tatsache wird auch die Einsicht kommen, die nicht nur auf das verweisen wird, was Eduard von Hartmann und die spekulierenden Philosophen einstmals zu geben hatten über die Naturwissenschaft hinaus, sondern die auch anerkennen wird, was die Geisteswissenschaft zu den naturwissenschaftlichen Errungenschaften hinzuzufügen hat. In dieser Art könnte noch unbegrenzt viel zur Befestigung der Anschauung vorgebracht werden, die dahin zielt, daß gerade die echte naturwissenschaftliche Denkart gegenwärtig sich mit der Geisteswissenschaft in vollem Einklang befindet. Ebenso wenig wie ein Widerspruch besteht zwischen Geisteswissenschaft und Naturwissenschaft, kann mit Recht von einem solchen zwischen Geisteswissenschaft und dem religiösen Leben gesprochen werden. – Von Wichtigem in dieser Beziehung sprach ich in meinem ersten hier gehaltenen Vortrag. Es ist meine Überzeugung, daß niemand von einem religiösen Gesichtspunkte aus Bedenken gegen die Geisteswissenschaft erheben wird, der die Gesinnung ernstlich in Erwägung zieht, welche durch die in jenem Vortrag gemachten Äußerungen spricht. Ich will heute in einem besonderen Punkte zeigen, wie jemand, der in dem wissenschaftlichen Leben eines bestimmten religiösen Bekenntnisses drinnen steht, nichts gegen Geisteswissenschaft einwenden kann, wenn er nur guten Willens ist. Ich werde zeigen, wie man vom Gesichtspunkte der Philosophie des von der katholischen Kirche als christlichen

Philosophen voll anerkannten *Thomas von Aquino* über die hier gemeinte Geisteswissenschaft denken kann. Und was ich in dieser Richtung mir zu sagen erlaube, würde sich auch übertragen lassen auf die Beziehung einer protestantisch gearteten Denkrichtung zur Geisteswissenschaft.

Die Philosophie Thomas Aquinas unterscheidet zweierlei Erkenntnisse: erstens solche, die unbedingt nur aus der göttlichen Offenbarung erfließen können, die der Mensch annimmt, weil er in dieser Offenbarung den Grund für ihre Wahrheit sieht. Solche Wahrheiten sind im Sinne des Thomas von Aquino die von der Trinität, der Lehre von dem zeitlichen Anfang des Erdendaseins, die Lehre von dem Sündenfall und der Erlösung, von der Inkarnation des Christus in Jesus von Nazareth, und die Lehre von den Sakramenten. Thomas hat die Auffassung, daß der Mensch, der das Wesen seiner Erkenntniskräfte versteht, nicht versuchen werde, durch Erkenntnisse, die er von sich aus entwickelt, die genannten Wahrheiten aufzufinden.

Außer diesen reinen Glaubenswahrheiten gibt es für Thomas von Aquino solche, die der Mensch durch die eigenen Erkenntniskräfte gewinnen kann. Solche Wahrheiten sind für Thomas die Praeambula fidei. Zu ihnen zählt er alle diejenigen Wahrheiten, die sich darauf beziehen, daß ein Göttlich-Geistiges in der Welt vorhanden ist. Also das Dasein eines Göttlich-Geistigen, das Schöpfer, Regierer, Erhalter, Richter der Welt ist, das ist nicht bloß Glaubenswahrheit, sondern eine durch menschliche Kräfte zu erringende Erkenntnis. Es gehört ferner in den Bereich der Praeambula fidei dasjenige, was sich auf die geistige Natur des menschlichen Daseins bezieht, und außerdem das, was auf die richtige Unterscheidung zwischen Gut und Böse führt, ferner die Erkenntnisse, welche die Grundlage für die Ethik, für die Naturwissenschaft, Ästhetik und Anthropologie liefern.

Man kann sich nun ganz auf den Standpunkt Thomas Aquinas stellen und anerkennen, daß einerseits die Glaubenswahrheiten durch die Geisteswissenschaft nicht in ihrem Charakter berührt werden, und daß anderseits alles, was diese vorbringt, in den Bereich der Praeambula fidei fällt, wenn man diesen Begriff nur im richtigen Sinne der thomistischen Philosophie versteht. Für die Geisteswissenschaft gibt es nämlich Erkenntnisse, auf dem Menschen sogar ganz nahe liegenden Gebieten, die so behandelt werden müssen, wie die Glaubenswahrheiten auf einem höhern Gebiete. Der Mensch muß im gewöhnlichen Leben etwas durch Mitteilung annehmen, ohne daß das Mitgeteilte für ihn Erfahrung sein kann; nämlich die Kenntnis von dem, was mit ihm vorgegangen ist zwischen dem Zeitpunkte seiner Geburt und demjenigen, bis zu dem er sich durch sein eigenes Gedächtnis zurückerinnert. Wenn nun der Mensch als Geistesforscher die geistigen Erkenntniskräfte ausbildet, so sieht er zwar hinter diesen Zeitpunkt zurück; aber von der Entwicklungsperiode ab, bis zu der man sich im gewöhnlichen Leben zurückerinnert, sieht das «geistige Auge» nicht Ereignisse in der Form der Sinnenwelt, sondern dasjenige, was im geistigen Gebiete geschehen ist, während sich die entsprechenden Tatsachen in der physischen Welt abgespielt haben. Die für Sinne wahrnehmbaren Vorgänge *als solche* können, wenn sie nicht durch Erleben bewußt werden können, auch für die geistige Erfahrung nur durch Mitteilung erhalten werden. (Kein gesund denkender Geistesforscher wird zum Beispiel glauben, daß er auf die Mitteilungen durch seine Mitmenschen verzichten wolle und das auf diese Art zu Erfahrende durch geistiges Schauen gewinnen sollte.) – So gibt es für die Geisteswissenschaft schon im Bereiche des gewöhnlichen Lebens Erkenntnisse, die nur durch Mitteilung erhalten werden. Auf einem höheren Gebiet sind die von Thomas von Aquino als Glaubenswahrheiten anerkannten solche, welche sich auf Vorgänge beziehen, die einer auf sich selbst gestellten menschlichen Erkenntnis deshalb nicht zugänglich sind, weil sie in einem Bereiche liegen, der sich dem gewöhnlichen Erleben entzieht, und der ebenso, wie die dem physischen Dasein angehörigen Vorgänge in den Jahren nach der Geburt, in seiner unmittelbaren Form nicht in das Feld geistigen Schauens fällt. Wie jene physischen Vorgänge nur durch Mitteilung von Menschen empfangen werden, so auch die Vorgänge, die den Glaubenswahrheiten entsprechen, nur durch Mitteilung (Offenbarung) aus dem geistigen Gebiete. Daß aber die Geisteswissenschaft Begriffe wie Dreiheit, Inkarnation im Bereiche der geistigen Wahrnehmung anwendet, das hat nichts zu tun mit der Anwendung dieser Begriffe auf das von Thomas gemeinte Gebiet. Daß eine solche Denkart nicht unchristlich genannt werden kann, weiß übrigens jeder, der Augustinus kennt.

Auch der Gesichtspunkt Thomas Aquinas mit Bezug auf die Praeambula fidei ist mit der Geisteswissenschaft vereinbar. Denn als Praeambula fidei muß alles anerkannt werden, was den auf sich selbst gestellten menschlichen Erkenntniskräften zugänglich ist. Thomas rechnet dazu zum Beispiel die geistige Natur der Menschenseele. Wenn nun die Geisteswissenschaft durch Erweiterung des Erkennens auch die Einsichten vermehrt, die durch den bloßen Intellekt über die Seele erschlossen werden, so erweitert sie nur den Umfang einer Erkenntnis, die in das Gebiet der Praeambula fidei fällt; nicht aber tritt sie aus diesem Gebiete heraus. Sie gewinnt dadurch Wahrheiten, welche die Glaubenswahrheiten noch intensiver stützen, als die durch den bloßen Intellekt erhaltenen. Nun ist Thomas der Ansicht, daß die Praeambula fidei niemals in das Gebiet der Glaubenswahrheiten dringen können, daß sie diese aber verteidigen (stützen) können. Was also Thomas von den «Praeambula fidei» verlangt, das wird durch die Erweiterung derselben durch die Geisteswissenschaft noch intensiver geleistet als durch den bloßen Intellekt. – Mit diesen Ausführungen über die Thomistik wollte ich nur zeigen, daß man im strengsten Sinne Anhänger dieser philosophischen Denkrichtung sein und doch die Erkenntnisse der Geisteswissenschaft mit diesem Bekenntnis vereinigen kann. Selbstverständlich wollte ich nicht den Nachweis führen, daß jeder, der die Erkenntnisse der Geisteswissenschaft annimmt, sich zum Thomismus bekennen müsse. Die Geisteswissenschaft stört niemanden in seinem religiösen Bekenntnisse; und ob der Eine zu dieser, der Andere zu jener Glaubensrichtung gehört, das hängt nicht davon ab, was er über die geistige Welt weiß oder zu wissen vermeint, sondern von andern Lebensverhältnissen. Je mehr man diese Dinge wirklich durchschauen wird, desto mehr werden die Gegnerschaften gegen die Geisteswissenschaft schwinden.

Wer aber schon gegenwärtig sich zur Anerkennung der Geistesforschung durchgearbeitet hat, der wird sich über die Gegnerschaften hinwegtrösten durch die Erkenntnis, wie es anderen Dingen ergangen ist, die leichter sich in die Außenwelt einleben, weil sie dem Nützlichkeitsprinzip zusprechen. Nun, im 19. Jahrhundert sind die Eisenbahnen dem äußeren Kulturleben eingefügt worden. Ein Verwaltungskörper, der damals anerkannte Autoritäten in sich barg, hatte an einem gewissen Orte sein Urteil abzugeben darüber, ob man eine Eisenbahn bauen solle oder nicht. Die Sache ist oft erzählt worden. Das Urteil wurde nach der Überlieferung dahin abgegeben: Man solle keine Eisenbahnen bauen, denn die Menschen, die darinnen fahren werden, müßten sich gesundheitlich schädigen. Und wenn doch schon solche Menschen sich finden würden, die sich dem aussetzen wollten, und man für sie Eisenbahnen bauen wolle, dann müsse man wenigstens links und rechts von den Eisenbahnen hohe Bretterwände aufführen, damit diejenigen, an denen sie vorbeifahren, an ihrer Gesundheit nicht geschädigt werden. – Ich erzähle solche Dinge nicht, um diejenigen zu verspotten, die durch ihre Einseitigkeit solchen Urteilen verfallen. Man kann nämlich ein sehr bedeutender Mensch sein und doch einen solchen Fehler machen. Wer einen Gegner für das von ihm Geleistete findet, sollte nicht ohne weiteres diesen Gegner töricht oder bösartig nennen. Ich erzähle von Widerständen, die so manches gefunden hat, vielmehr aus dem Grunde, weil der Anblick solcher Widerstände demjenigen die rechte Empfindungsrichtung gibt, der solchen Widerständen ausgesetzt ist.

Heute wird in den weitesten Kreisen sich nicht leicht jemand finden, der nicht entzückt wäre, wenn er Beethovens Siebente Symphonie hört. Als dies Kunstwerk zuerst aufgeführt wurde, hat – nicht ein unbedeutender Mensch, sondern der berühmte Komponist des «Freischütz», Weber, diesen Ausspruch getan: «Nun haben die Extravaganzen dieses Genius das non plus ultra erreicht; Beethoven ist nun ganz reif für das Irrenhaus!» Und der Abbé Stadler, der damals diese Siebente Symphonie gehört hat, sprach sich so aus: «Es kommt immer noch das ‹E›; es fällt ihm eben nichts ein, dem talentlosen Kerl.»

Es ist gewiß wahr, daß auch derjenige, welcher für eine Torheit keine Anerkennung findet, besonders gerne auf solche Erscheinungen in der Entwicklung der Menschheit sich berufen wird. Und selbstverständlich ist, daß sie gar nichts *beweisen,* wenn ein besonderer Fall von Gegnerschaft vorliegt. Aber sie werden hier auch nicht in der Absicht vorgebracht, um etwas zu beweisen; sondern weil sie dazu anregen können, manches, das fremdartig erscheint, doch genauer zu prüfen, bevor man verurteilt. In bezug auf solche Dinge darf ja erinnert werden auch an Größeres. Ich möchte dies tun, selbstverständlich ohne in die Albernheit zu verfallen, damit die Arbeit der Geisteswissenschaft auch nur von ferne vergleichen zu wollen mit dem größten Ereignis, das in die Menschheitsentwickelung eingetreten ist. Man blicke auf die Entwickelung des römischen Reiches im Beginne unserer christlichen Zeitrechnung und auf den Aufstieg des Christentums von dieser Zeit an. Wie lag doch dieses Christentum damals in Rom fern all dem, was man des Interesses eines gebildeten Menschen würdig fand. Und man blicke von diesem Leben hinweg auf dasjenige, was buchstäblich unter der Erde in den Katakomben sich entfaltete; auf das in diesen Untergründen aufblühende christliche Leben. Und dann richte man den Blick auf das, was an diesem Orte ein paar Jahrhunderte danach war. Heraufgestiegen war aus den Untergründen das Christentum, ergriffen wurde es in den Gebieten, in denen man es vorher verachtet, von sich gewiesen hatte. Der Anblick solcher Erscheinungen kann die Zuversicht bestärken in demjenigen, der glaubt einer Wahrheit dienen zu sollen, die sich durchringen muß gegen Widerstände. – Wer sich von der anthroposophischen Wahrheit wirklich durchdrungen hat, der wird nicht erstaunt darüber sein, daß sie Gegnerschaft findet; aber er wird es auch als Pflicht erkennen, gegenüber solchen Gegnerschaften immer wieder in das rechte Licht zu setzen, was Anthroposophie wirklich im geistigen Leben des Menschen sein möchte.

Nachträgliche Bemerkung

Meine dem vorliegenden Vortrag eingefügten kurzen Besprechungen mancher von gegnerischer Seite gemachten Einwendungen gegen die von mir gemeinte anthroposophisch orientierte Geisteswissenschaft tragen den Charakter allgemeiner Erörterungen, ohne daß auf Einzelheiten Rücksicht genommen wird. Wollte man sich auf solche Einzelheiten einlassen, so käme man allerdings auf sonderbare Dinge zu sprechen. Man kann da zum Beispiel in einer vor kurzem erschienenen Broschüre, die einen in der Schweiz gehaltenen Vortrag wiedergibt, mit Bezug auf das Verhältnis des von mir Dargestellten zum Christentum lesen: «So kommt es denn wieder auf die nämliche Forderung heraus, die schon der erwähnte russische Mystiker Solowjow erhoben hat, wir könnten und sollten alle Christusse sein, übrigens eine Forderung, die schon jeder Mystiker, der so freundlich war, auf das Christentum Rücksicht zu nehmen, erhoben hat.» Das wird 1916 über die von mir gemeinte

Geisteswissenschaft gesagt, trotzdem sich jeder überzeugen kann, daß dies eine objektive Unwahrheit ist, der meine schon 1903 erschienene Schrift «Das Christentum als mystische Tatsache» zur Hand nimmt, und der anderes später und bis heute von mir in dieser Richtung Gesagte auch nur oberflächlich ansieht. – Ja, sogar das Folgende ist möglich: Trotzdem aus einer Reihe meiner Schriften ganz deutlich werden sollte, daß ich eine Forschungsart anstrebe, die auf gründliche Austilgung aller Suggestionen und Anaesthesien hinarbeitet, wird in derselben Broschüre, der obiger Satz entnommen ist, gesagt: «Wir sind Dr. Steiner nur dankbar, daß er uns gezeigt, mit wie viel Suggestion und Anaesthesien in neuerer Mystik gearbeitet wird.» Mit diesem Satz ist nicht gemeint, daß ich zeige, wie Suggestion und Anaesthesie überwunden wird, sondern wie ich ihnen verfalle. So sehen manche «Widerlegungen» aus, die allerdings nur zeigen, wie man aus dem zu Bekämpfenden erst ein Zerrbild macht, wie man es braucht, und dann dieses Zerrbild bekämpft.

DIE ERKENNTNIS VOM ZUSTAND ZWISCHEN DEM TODE UND EINER NEUEN GEBURT

Die folgenden Ausführungen wollen aphoristisch gehaltene Andeutungen geben über ein Erkenntnisgebiet, das in der Gestalt, in der es hier gekennzeichnet wird, von der Zeitbildung fast ganz abgelehnt wird. Das aphoristische Gepräge wurde deshalb gewählt, damit eine Vorstellung gegeben werden konnte von dem Grundcharakter dieses Erkenntnisgebietes einerseits, und andererseits wenigstens nach einer Richtung hin die Lebensausblicke gezeigt werden konnten, die es eröffnet. Der enge Rahmen eines Aufsatzes erforderte, für Weiteres auf in Betracht kommende Literatur zu verweisen. Der Verfasser ist sich dessen bewußt, daß gerade diese Form der Darstellung leicht als anmaßend empfunden werden kann von manchem, der, aus gut begründeten Denkgewohnheiten der gegenwärtigen Zeitbildung heraus, das Vorgebrachte als «allen berechtigten Forderungen von Wissenschaftlichkeit ins Gesicht schlagend» finden muß. Dem gegenüber sei nur gesagt, daß der Verfasser meint, trotz seiner geisteswissenschaftlichen Richtung, mit jedem Naturwissenschafter in der Schätzung des Wesens und der Bedeutung naturwissenschaftlicher Denkungsart übereinstimmen zu können. Nur darüber glaubt er Klarheit zu haben, daß man Naturwissenschaft voll anerkennen kann und doch dadurch nicht gezwungen ist, eine selbständige Geisteswissenschaft von der Art, wie sie hier charakterisiert sein soll, abzulehnen. Eine Folge eines solchen Verhältnisses zur Naturwissenschaft wird allerdings sein, daß gerade von wahrer Geisteswissenschaft das dilettantische Getriebe fern gehalten werde, das sich auch gegenwärtig an vielen Orten breit macht, und das zumeist um so anmaßender sich in Redensarten über den «rohen Materialismus der Naturwissenschaft» ergeht, je weniger die Redenden die Möglichkeit haben, sich über Ernst, Strenge und wissenschaftliche Tragkraft der Natur-Erkenntnis ein Urteil zu bilden. Weil die Kürze seiner Ausführungen in diesem Aufsatze vielleicht für den Leser allzu wenig hervortreten läßt, wie der Verfasser nach diesen beiden Richtungen gesinnt ist, wollte er diese einleitende Bemerkung voraus machen.

Wer gegenwärtig von Erforschung der geistigen Welt redet, begegnet den Bedenken derer, die ihre Denkgewohnheiten an der naturwissenschaftlichen Anschauung gebildet haben. Er wird auf die Segnungen verwiesen, welche diese Anschauungen für die Gesundung des menschlichen Lebensstandes gebracht haben, indem die Wahngebilde einer angeblich rein geistigen Erkenntnisarten folgenden Wissenschaft durch sie vernichtet wurden. – Dem Geistesforscher können diese Bedenken durchaus verständlich sein. Er sollte sogar sich völlig klar darüber sein, daß jegliche Geistesforschung, die mit berechtigten Gedanken der naturwissenschaftlichen Erkenntnis in Widerstreit gerät, nicht auf sicherer Grundlage ruhen kann. Ein Geistesforscher, der Sinn und Verständnis für den Ernst des naturwissenschaftlichen Verfahrens, Einsicht in die Leistungen der Naturerkenntnis für das menschliche Leben hat, wird sich nicht in die Reihen derer stellen wollen, die leichtfertig vom Gesichtspunkte ihrer «Geistesschau» über die Beschränktheit der Naturforscher aburteilen, und die diesen Gesichtspunkt um so höher wähnen, je mehr sich für sie jegliche Natur-Erkenntnis in unergründliche Tiefen verliert.

Naturwissenschaft und Geisteswissenschaft könnten im Einklange miteinander leben, wenn sich auf Seite der ersteren der Irrglaube vernichten ließe, daß wahre Geistesforschung die Ablehnung berechtiger Erkenntnisse der sinnenfälligen Wirklichkeit und des mit dieser Wirklichkeit verknüpften Seelenlebens notwendig bedingen müsse. In diesem Irrglauben liegt der Quell unzähliger Mißverständnisse, welche der Geistesforschung entgegengebracht werden. – Es wird auf Seite derer, die mit ihrer Lebensanschauung fest auf dem «sichern Boden der Naturwissenschaft» zu stehen vermeinen, geglaubt, der Geistesforscher sei durch seine Gesichtspunkte gezwungen, ihre Erkenntnisse abzulehnen. In Wirklichkeit liegt diese Ablehnung aber gar nicht vor. Echte Geistesforschung ist mit der Naturwissenschaft völlig einverstanden. Und so wird die Geistesforschung nicht bekämpft um deswillen, was sie behauptet, sondern um deswillen, was man glaubt, daß sie behaupten könne oder müsse.

Für das menschliche Seelenleben muß der naturwissenschaftlich Denkende behaupten, daß die Betätigungen des Seelischen, die sich als Denken, Fühlen und Wollen offenbaren, zur Erlangung einer wissenschaftlichen Erkenntnis in derselben Art vorurteilslos beobachtet werden sollen wie die Licht- oder die Wärmeerscheinungen der äußeren Natur. Dieser naturwissenschaftlich Denkende muß ablehnen alle nicht aus dieser vorurteilfreien Beobachtung stammenden Ideen über die Wesenheit der Seele, aus denen dann allerlei Schlüsse gezogen werden über die Unzerstörbarkeit dieser seelischen Wesenheit und über den Zusammenhang der Seele mit der geistigen Welt. Es ist durchaus begreiflich, wenn ein also Denkender seine Betrachtungen über die Tatsachen des Seelenlebens beginnt, wie dies Th. Ziehen in der ersten seiner Vorlesungen über «physiologische Psychologie» tut: «Die Psychologie, welche ich Ihnen vortragen will, ist nicht jene alte Psychologie, welche die psychischen Erscheinungen auf einem mehr oder weniger spekulativen Wege zu erforschen versuchte. Diese Psychologie ist von denen, die naturwissenschaftlich zu denken gewohnt sind, längst verlassen.» – Mit der wissenschaftlichen Gesinnung, die in einem solchen Bekenntnis liegen kann, braucht eine echte Geistesforschung nicht in Widerspruch zu kommen. Und doch wird im Kreise derjenigen, die solche Gesinnung aus ihren naturwissenschaftlichen Denkgewohnheiten heraus haben, gegenwärtig noch fast ausnahmslos die Meinung gehegt werden, daß die besonderen Ergebnisse einer Geistesforschung als unwissenschaftlich zu gelten haben. Zwar wird man nicht überall auf eine grundsätzliche Ablehnung der Erforschung geistiger Tatsachen stoßen; doch wenn diese Erforschung mit besonderen Ergebnissen auftritt, wird sie kaum dem Einwande entgehen, daß naturwissenschaftliches Denken mit solchen Ergebnissen nichts anzufangen wisse. – Als eine Folge dieser Tatsache kann bemerkt werden, wie in der neueren Zeit eine Seelenwissenschaft erwachsen ist, welche die Art ihres Forschens den naturwissenschaftlichen Verfahrensarten nachgebildet hat, die aber nicht die Kraft finden kann, an jene höchsten Fragen heranzutreten, die ein inneres Erkenntnisbedürfnis stellen muß, wenn der Blick sich auf die Schicksale der Seele richtet.

Man forscht gewissenhaft über den Zusammenhang der seelischen Erscheinungen mit den Vorgängen des Leibes, man versucht Ideen zu gewinnen über die Art, wie sich die Vorstellungen in der Seele binden und lösen, wie die Aufmerksamkeit tätig ist, wie das Gedächtnis wirkt, welches Verhältnis zwischen Vorstellen, Fühlen und Wollen besteht; aber für die höheren Fragen des Seelenlebens gilt, was ein scharfsinniger, selbst auf dem Boden naturwissenschaftlicher Denkart stehender Seelenforscher, Franz Brentano, gesagt hat: «Für die Hoffnungen eines Platon und Aristoteles, über das Fortleben unseres besseren Teiles nach der Auflösung des Leibes Sicherheit zu gewinnen, würden dagegen die Gesetze der Assoziation von Vorstellungen, der Entwickelung von Überzeugungen und Meinungen, und des Keimens und Treibens von Lust und Liebe alles andere, nur nicht eine wahre Entschädigung sein . . .» Und wenn wirklich die neue naturwissenschaftliche Denkungsart «den Ausschluß der Frage nach der Unsterblichkeit besagte, so wäre er für die Psychologie ein überaus bedeutender zu nennen». –

Tatsache ist, daß in den neueren Schriften über Seelenwissenschaft, die den Forderungen der naturwissenschaftlichen Denkungsart gerecht werden wollen, Betrachtungen über Erkenntnisse, die den «Hoffnungen eines Platon und Aristoteles» entgegenkämen, vermieden werden. – Der Geistesforscher wird nun, wenn er Verständnis hat für den Lebensnerv der neueren naturwissenschaftlich gehaltenen Seelenwissenschaft, mit deren Verfahrensart nicht in Widerstreit geraten. Er wird aus diesem Verständnisse heraus anerkennen müssen, daß im wesentlichen von dieser Seelenwissenschaft der richtige Weg eingeschlagen wird, insoferne es sich um die Betrachtung der inneren Erlebnisse des Denkens, Fühlens und Wollens handelt. Denn ihn führt sein Erkenntnisweg dazu anzuerkennen, daß Denken, Fühlen und Wollen nichts offenbaren, was die «Hoffnungen eines Platon und Aristoteles» erfüllen könnte, wenn die genannten Seelenbetätigungen nur so betrachtet werden, wie sie im gewöhnlichen Menschendasein erlebt werden. Dieser Erkenntnisweg zeigt aber auch, daß in Denken, Fühlen und Wollen etwas verborgen liegt, das im Verlaufe des gewöhnlichen Lebens nicht bewußt wird, das aber durch innere Seelenübungen zum Bewußtsein gebracht werden kann. In diesem dem gewöhnlichen Seelenleben verborgenen Geistwesen der Seele offenbart sich dasjenige, was in ihr unabhängig vom Leibesleben ist und an dem die Beziehungen des Menschen zur geistigen Welt beobachtet werden können. Für den Geistesforscher erscheint es ebenso unmöglich, durch Beobachtung des gewöhnlichen Denkens, Fühlens und Wollens die «Hoffnungen des Platon und Aristoteles» über das vom Leibesleben unabhängige Seelendasein zu erfüllen, wie es unmöglich ist, im Wasser die Eigenschaften des Wasserstoffes zu erforschen. Will man diese kennen lernen, so muß man durch ein entsprechendes Verfahren erst den Wasserstoff aus dem Wasser herausholen. So aber ist auch nötig, aus dem alltäglichen durch den Zusammenhang mit dem Leibe geführten Seelenleben dasjenige Wesen abzusondern, das in der Geisteswelt durch seine ihm ureigenen Kräfte wurzelt, wenn dieses Wesen beobachtet werden soll.

Der Irrtum, der echter Geisteswissenschaft trübende Mißverständnisse entgegenwerfen muß, liegt darin, daß man zu allermeist glaubt, wenn über die höheren Fragen des

Seelenlebens etwas erkannt werden soll, so müsse sich dieses aus den Seelentatsachen ergeben, die im gewöhnlichen Leben bereits vorliegen. Aus diesen Tatsachen ergeben sich aber keine anderen Erkenntnisse als diejenigen, zu denen das im gegenwärtigen Sinne naturwissenschaftlich gehaltene Forschen führen kann. Deshalb kann wahre Geisteswissenschaft nicht unmittelbar Betrachtung des von vorneherein vorliegenden Seelenlebens sein. Sie muß durch innere Verrichtungen im Seelenleben erst die Tatsachenwelt bloßlegen, die ihrer Betrachtung unterworfen werden kann. Zu diesem ihrem Ziel wendet die Geistesforschung Seelenvorgänge an, die im inneren Erleben erarbeitet werden. Ihr Forschungsfeld ist ein ganz im Innern des seelischen Daseins Gelegenes. Sie kann ihre Ergebnisse nicht äußerlich veranschaulichen. Aber diese sind deshalb nicht weniger von jeder persönlichen Willkür unabhängig wie die wahren naturwissenschaftlichen Ergebnisse. Sie haben mit den mathematischen Wahrheiten zwar nichts anderes, aber dieses gemeinschaftlich, daß sie nicht durch äußere Tatsachen bewiesen werden können, aber – gleich diesen – bewiesen sind für jeden, der sie im inneren Anschauen erfaßt. Und ebenso wie diese können sie äußerlich höchstens verbildlicht, nicht aber in ihrem sie beweisenden Inhalte dargestellt werden.

Das Wesentliche, das leicht mißverstanden werden kann, ist, daß man auf dem Wege, den die Geistesforschung geht, den Seelenerlebnissen durch innere Anstöße eine gewisse Richtung gibt, und ihnen dann, wenn sie diese Richtung verfolgen, Kräfte entlockt, die sonst in ihnen, wie in einer Art von Seelenschlaf, unbewußt liegen. (Die Seelenverrichtungen, die zu diesem Ziele führen, findet man in meinem Buche «Wie erlangt man Erkenntnisse der höheren Welten?» und in meiner «Geheimwissenschaft» ausführlich beschrieben. Hier soll nur gekennzeichnet werden, was in der Seele vorgeht, wenn sie sich solchen Verrichtungen unterzieht.) – Verfährt die Seele in dieser Art, so schiebt sie gewissermaßen ihr inneres Erleben in das Gebiet der geistigen Wirklichkeit hinein. Sie öffnet ihre dadurch sich bildenden rein geistigen Wahrnehmungsorgane der geistigen Welt, wie sich die Sinne nach außen der physischen Wirklichkeit öffnen.

Eine Art dieser Seelenverrichtungen besteht in einer kraftvollen Hingabe an den Vorgang des Denkens. Man treibt diese Hingabe an die Denkvorgänge so weit, daß man die Fähigkeit erlangt, die Aufmerksamkeit nicht mehr auf die im Denken vorhandenen Gedanken zu lenken, sondern allein auf die Tätigkeit des Denkens. Für das Bewußtsein verschwindet dann jeglicher Gedankeninhalt, und die Seele erlebt sich wissend in der Verrichtung des Denkens. Das Denken verwandelt sich so in eine feine innerliche Willenshandlung, die ganz vom Bewußtsein durchleuchtet ist. – Im gewöhnlichen Denken leben Gedanken; die gekennzeichnete Verrichtung tilgt den Gedanken aus dem Denken aus. Das herbeigeführte Erlebnis ist ein Weben in einer inneren Willenstätigkeit, die ihre Wirklichkeit in sich selbst trägt. Es handelt sich darum, daß durch fortgesetztes inneres Erleben in dieser Richtung die Seele sich dahin bringe, mit der rein geistigen Wirklichkeit, in der sie webt, so vertraut zu werden, wie die Sinnesbeobachtung es mit der physischen Wirklichkeit ist. – Daß etwas wirklich ist, kann bei dieser innen erfahrenen Wirklichkeit ebenso nur erlebt werden, wie bei der äußeren Wirklichkeit. Wer den Einwand erhebt, daß das innerlich Wirkliche doch nicht bewiesen werden könne, der zeigt nur, daß er auch noch nicht begriffen hat, wie auch von der äußeren Wirklichkeit nicht anders eine Überzeugung gewonnen werden kann, als allein dadurch, daß man das Wirkliche durch das erlebte Zusammensein mit ihm gewahr wird. Ein gesundes Sinnenleben kann die echte Wahrnehmung von der Vision oder Halluzination auf äußerem Gebiete durch unmittelbares Erleben unterscheiden; ein gesund entwickeltes Seelenleben kann die geistige Wirklichkeit, der sie sich entgegenträgt, in ähnlicher Art von der Phantastik und Träumerei unterscheiden.

Ein in der angegebenen Art entwickeltes Denken wird gewahr, daß es sich von jener Seelenkraft losgelöst hat, die im gewöhnlichen Vorstellen zur Erinnerung führt. Was in dem Denken, das innerlich erlebte Willenswirklichkeit geworden ist, erfahren wird, das ist so unmittelbar, wie es auftritt, nicht geeignet, erinnert zu werden, wie dasjenige, was als gewöhnliches Denken erlebt wird. Was man über einen erlebten Vorgang gedacht hat, wird dem Gedächtnisse einverleibt. Es kann im weiteren Verlaufe des Lebens wieder aus dem Gedächtnisse hervorgeholt werden. Die geschilderte Willenswirklichkeit muß, wenn sie als solche wieder im Bewußtsein erlebt werden soll, auch wieder so erarbeitet werden wie das erstemal. Nicht gemeint ist damit, daß diese Wirklichkeit nicht mittelbar dem gewöhnlichen Gedächtnisse einverleibt werden könnte. Das muß sogar geschehen, wenn der Weg der Geistesforschung ein gesunder sein soll. Aber, was von der geistigen Wirklichkeit im Gedächtnis verbleibt, das ist nur Vorstellung von dieser Wirklichkeit, wie dasjenige, was man heute erinnert von einem gestrigen Erlebnis nur eine Vorstellung ist. Begriffe, Ideen kann man gedächtnismäßig behalten; die geistige Wirklichkeit muß immer neu erlebt werden. Indem man diesen Unterschied der durch die Entwickelung der Denktätigkeit erreichten geistigen Wirklichkeit von dem Hegen bloßer Gedanken lebendig erfaßt, gelangt man dazu, sich mit dieser Wirklichkeit außerhalb des physischen Leibes zu erleben. Was das gewöhnliche Denken zumeist für eine Unmöglichkeit halten muß, tritt ein: man erlebt sich als außerhalb des Daseins, das mit dem Leibe zusammenhängt. Dieses Denken muß zunächst, wenn es das «Erleben außerhalb des Leibes» nur von seinem Gesichtspunkte aus betrachtet, dies für eine Illusion halten. Die Gewißheit dieses Erlebens kann eben nur im Erleben selbst gewonnen werden. Und es ist gerade dem, der dieses Erleben kennt, nur allzu begreiflich, daß diejenigen, welche ihre Denkgewohnheiten an den naturwissenschaftlichen Erkenntnissen gebildet haben, ein solches Erleben als nichts anderes zunächst ansehen können denn als eine Phantasterei oder Träumerei, vielleicht als ein Weben in Illusionen oder Halluzinationen. Erst wer zu der Erkenntnis gelangt ist, daß der Weg, der in wahre Geistesforschung führt, in der Seele Kräfte loslöst, die in der völlig entgegengesetzten Richtung von derjenigen liegen, die krankhafte Seelenerlebnisse herbeiführen, kann, was hier vorliegt, durchschauen. Was die Seele auf der Bahn der Geistesforschung entwickelt, sind Kräfte, die geeignet sind, krankhaften Seelenerlebnissen entgegenzuwirken, oder diese zu zerstreuen, wo sie sich zeigen wollen. Keine Naturforschung kann das Visionäre, Halluzinatorische so unmittelbar durchschauen, wenn es dem Menschen in den Weg treten will, wie wahre Geistesforschung, die sich nur entfalten kann in einer Seelenrichtung, die den genannten ungesunden Erlebnissen entgegengesetzt ist.

Der Geistesforscher erlangt in dem Augenblicke, da ihm das «Erleben außerhalb des Leibes» Wirklichkeit wird, durch dieses Erleben Aufschluß darüber, wie das gewöhnliche Denken an die körperhaften Vorgänge des Leibes gebunden ist. Seine im Erleben gewonnene Erkenntnis führt ihn dazu, einzusehen, wie der im äußeren Erleben gewonnene Gedanke seiner Wesenheit nach so entsteht, daß er erinnert werden kann. Diese Art des Entstehens aber, die zur Erinnerung wird, beruht darauf, daß der Gedanke nicht bloß ein geistiges Leben in der Seele führt, sondern daß sein Leben von dem Leibe mitgemacht wird. Durch diese Einsicht kommt der Geistesforscher also nicht zu einer Ablehnung, sondern im Gegenteile, zu einer Anerkennung dessen, was das naturwissenschaftliche Denken über die Abhängigkeit des Gedankenlebens von den Leibesvorgängen behaupten muß.

Zunächst führt das Geschilderte zu inneren Seelenerlebnissen, die sich dem Menschen als bange seelische Bedrükkung darstellen. Was erlebt wird, erscheint so, als wenn es aus dem Gebiete des gewöhnlichen Daseins herausführe und doch in eine neue Wirklichkeit nicht wahrhaft hineinführe. Man weiß zwar, daß man in einer Wirklichkeit lebt, aber man erfühlt diese Wirklichkeit nur als die eigene geistige Wesenheit. Man hat sich aus der Sinneswirklichkeit herausgefunden; aber man hat nur sich selbst in einer rein geistigen Daseinsform ergriffen. Ein angstähnliches Einsamkeitsempfinden kann die Seele befallen. Eine Sehnsucht, nicht nur sich zu haben, sondern sich in einer Welt zu erleben. Auch ein anderes Gefühl tritt noch auf. Man empfindet, daß man das erlangte geistige Selbst-Erleben wieder verlieren muß, wenn man sich nicht einer geistigen Umwelt gegenüberstellen kann. Der geistige Zustand, in den man sich so hineinlebt, läßt sich etwa damit vergleichen, wenn man empfinden müßte, wie man mit den Händen nach allen Seiten Greifbewegungen machen müsse, man aber nirgends etwas ergreifen könnte.

Wird jedoch der Weg der Geistesforschung in der richtigen Art gegangen, so treten die obigen Erlebnisse zwar auf, aber sie werden als eine Seite der Seelenentwickelung durchgemacht, die ihre notwendige Ergänzung in anderen Erlebnissen findet. Wie gewisse Anstöße, die man den Seelenerlebnissen gibt, zu dem Erfassen der Willenswirklichkeit im Denken führen, so führen andere Richtungen, in die man die Seelenvorgänge lenkt, dazu, in der Willenstätigkeit verborgene Kräfte zu erleben. (Auch darüber soll hier nur gesagt werden, was durch solche Seelenverrichtungen in dem menschlichen Innern vorgeht; die ausführliche Schilderung desjenigen, was die Seele in sich verrichten muß, um zu dem angedeuteten Ziele zu gelangen, ist in den schon genannten Büchern zu finden.) – Im gewöhnlichen Leben wird eine Willensentfaltung der eigenen Seele nicht so wahrgenommen wie ein äußerer Vorgang. Selbst dasjenige, was man zumeist Selbstbeobachtung auf diesem Gebiete nennt, bringt den Menschen durchaus nicht in eine Lage, in der er etwa das eigene Wollen so ansähe, wie er einen äußeren Naturvorgang ansieht. Daß man dieses Wollen sich so gegenüber finden könne, wie man als Zuschauer eine äußere Tatsache gegenüber hat, dazu sind wieder kraftvolle, durch Willkür hervorgerufene Seelenvorgänge notwendig. Werden diese aber in der entsprechenden Art herbeigeführt, dann tritt etwas völlig anderes ein als etwa ein Anschauen des eigenen Wollens in derselben Weise, wie eine äußere Tatsache angeschaut wird. In diesem Anschauen taucht im Seelenleben eine Vorstellung auf, die gewissermaßen ein inneres Abbild der äußeren Tatsache ist. Beim Beobachten des eigenen Wollens erlischt die gewohnte vorstellende Kraft. Man hört auf, in der nach außen gerichteten Art vorzustellen; dafür aber entbindet sich aus den Untergründen des Wollens ein wesenhaftes Vorstellen. Es bricht durch die Oberfläche der Willensbetätigung ein solches wesenhaftes Vorstellen hervor; ein Vorstellen, das mit sich lebendige geistige Wirklichkeit bringt. Zunächst tritt innerhalb dieser geistigen Wirklichkeit die eigene verborgene Geistwesenheit hervor. Man wird gewahr, wie man einen verborgenen Geist-Menschen in sich trägt. Man hat diesen nicht wie ein Gedankenbild in sich, sondern als ein wirkliches Wesen; wirklich in einem höhern Sinne, als es der äußere Leibesmensch ist. Nur tritt dieser Geistmensch nicht so auf, wie äußere sinnlich wahrnehmbare Wesen, die dem Beobachter sich in ihren nach außen sich offenbarenden Eigenschaften darbieten. Er stellt sich vielmehr durch sein Inneres dar, durch Entfaltung einer inneren Betätigung, die ähnlich ist dem Entfalten der Bewußtseinsvorgänge in der eigenen Seele. Nur ist das so entdeckte Bewußtseinswesen nicht wie die im Menschenleibe lebende Seele auf Sinnesdinge gerichtet, sondern auf geistige Vorgänge, zunächst auf die Vorgänge des eigenen bisher entwickelten Seelenlebens. Man entdeckt wahrhaftig in sich einen zweiten Menschen, der als Geistwesen ein bewußter Zuschauer des gewöhnlichen Seelen-Erlebens ist. – So phantastisch diese Schilderung eines geistigen Menschen im leiblichen erscheinen mag: sie wird für das entsprechend geschulte Seelenleben nüchterne Wirklichkeitsschilderung, Darstellung eines geistig Wesenhaften, das von allem Vision- oder Illusionartigen so verschieden ist, wie der Tag von der Nacht. – Wie im verwandelten Denken eine Willenswirklichkeit entdeckt wird, so im Willen ein im Geistigen webendes wesenhaftes Bewußtsein. – Und die beiden erweisen sich nun für das weitere Seelen-Erleben als zusammengehörig. Sie werden gewissermaßen auf nach entgegengesetzten Richtungen laufenden Wegen gefunden; ergeben sich aber als eine Einheit. Die Bangnis der Seele, die im Weben in der Willenswirklichkeit erlebt wird, hört auf, wenn sich diese aus dem entwickelten Denken geborene Willenswirklichkeit mit dem gekennzeichneten Bewußtseinswesen verbindet. Und durch diese Verbindung wird der Mensch erst vor die allseitig wirkliche Geistwelt gestellt. Indem diese Verbindung eintritt, hat der Mensch nicht nur das eigene Selbst sich geistig gegenüber, sondern auch Wesenheiten und Vorgänge der geistigen Welt, die außerhalb seines Selbst liegen.

In der Welt, welche der Mensch also betreten hat, wird das Wahrnehmungs-Erlebnis ein wesentlich anderer Vorgang als die Wahrnehmung es im Verhältnis des Menschen zur Sinnenwelt ist. Wirkliche Wesenheiten und Vorgänge der geistigen Welt heben sich aus dem Bewußtseinswesen heraus, das aus der Entwickelung des Willens sich geoffenbart hat. Und durch die Wechselwirkung dieser Wesenheiten und Vorgänge mit dem aus der Entwickelung des Denkens entsprungenen Willenswirklichen werden sie geistig wahrgenommen. – Was man im Erleben der physischen Welt als Gedächtnis kennt, hört für die geistige Welt auf, eine Bedeutung zu haben. Man erkennt, daß diese Seelenkraft den physischen Leib als Werkzeug braucht. Doch tritt im Beobachten der geistigen Welt eine andere Kraft an die Stelle des Gedächtnisses. Es wird durch diese Kraft ein vergangener Vorgang nicht vorstellungsmäßig erinnert, sondern unmittelbar in einem neuen Erlebnis angeschaut. Den Vorgang, der sich dabei abspielt, kann man nicht etwa vergleichen mit dem Lesen eines Satzes und dem späteren Erinnern desselben, sondern mit dem Lesen und Wieder-Lesen. Der Begriff der Vergangenheit gewinnt auf diesem Felde eine andere Bedeutung als er in der physischen Welt hat. Die Vergangenheit erscheint dem geistigen Wahrnehmen wie ein Gegenwärtiges; und, daß das in ihr liegende einer verflossenen Zeit angehört, erkennt man nicht aus der Anschauung des Zeitverlaufes, sondern aus dem Verhältnis eines geistigen Wesens oder Vorganges zu andern.

Der Weg in die geistige Welt wird also zurückgelegt durch die Bloßlegung dessen, was im Denken und im Wollen enthalten ist. Es kann nicht in einer ähnlichen Art das Gefühlsleben durch einen inneren Seelenanstoß entwickelt werden. Was im Fühlen innerhalb der physischen Welt erlebt wird, dafür kann auf dem Felde des geistigen Wahrnehmens nicht durch Umwandlung einer inneren Kraft wie bei Denken und Wollen etwas entwickelt werden. Das dem Gefühl in der geistigen Welt Entsprechende tritt vielmehr ganz von selbst auf, sobald die geistige Wahrnehmung in der geschilderten Art errungen ist. Nur stellt sich ein Gefühls-Erleben mit ganz anderem Charakter ein, als ihn das Fühlen in der physischen Welt trägt. Man fühlt nicht in sich, sondern in den Wesenheiten und Vorgängen, die man wahrnimmt. Man taucht mit seinem Fühlen in diese unter; man erfühlt deren Inneres, wie man im physischen Leben sein eigenes

Innere fühlend erlebt. Man könnte auch sagen: wie man in der physischen Welt das Bewußtsein hat, die Dinge und Vorgänge als stofflich zu erleben, so hat man in der geistigen Welt das entsprechende Bewußtsein, die Wesenheiten und Tatsachen durch Gefühlsoffenbarungen zu erfahren, die von außen kommen wie in der physischen Welt Farben oder Töne.

Eine Seele, die sich das gekennzeichnete geistige Erleben errungen hat, weiß sich in einer Welt, von der aus sie auf ihr eigenes Erleben in der physischen Welt hinzuschauen vermag, wie das physische Wahrnehmen auf einen Sinnesgegenstand hinschauen kann. Sie ist mit demjenigen Wesenhaften in sich verbunden, das durch die Geburt (beziehungsweise durch die Empfängnis) als Geistiges mit dem Leibe sich verbindet, der aus der physischen Welt von der Vorfahrenschaft stammt, mit dem Wesenhaften, das in sich Bestand hat, wenn der physische Leib mit dem Tode abgelegt wird. Nur durch das Anschauen dieses Wesenhaften können die von Brentano erwähnten «Hoffnungen des Platon und Aristoteles» für die Seelenwissenschaft erfüllt werden. – Für ein Erleben dieser Art wird die Anschauung von den wiederholten Erdenleben, zwischen denen immer solche Leben liegen, welche die Seele in der rein geistigen Welt zubringt, insoferne eine Tatsache, als der dadurch entdeckte geistig-seelische Kern des Menschen sich im Zusammenhange erschaut mit seinem Werden und Weben in der geistigen Welt. Er lernt in der eigenen Wesenheit erkennen, wie diese das Ergebnis früherer Erdenleben und dazwischen liegender geistiger Daseinsformen ist; und er findet, wie sich in seinem gegenwärtigen Erdenleben ein geistiger Keim veranlagt, der, nachdem er durch Zustände zwischen Tod und neuer Geburt hindurchgegangen ist, sich zu einem weiteren Erdenleben entfalten muß. Wie der Pflanzenkeim in der gegenwärtigen Pflanze die künftige vorbildet, so entwickelt sich, verborgen im menschlichen Innern, ein geistig-seelischer Keim, der sich durch seine eigene Wesenheit für die geistige Wahrnehmung als die Anlage des künftigen Erdenlebens erweist.

Es wäre unrichtig, wenn man die geistige Wahrnehmung des Lebens zwischen Tod und neuer Geburt so deuten wollte, als ob in ihr das Erleben der geistigen Welt, die mit dem physischen Tode betreten wird, schon vorweggenommen wäre durch diese geistige Wahrnehmung. Was man so wahrnimmt, gibt nicht ein vollkommenes leibfreies Erleben der geistigen Welt, wie es nach dem Tode eintritt, sondern ein erlebtes Wissen vor dem tatsächlichen Erleben. Man kann, so lange man im Leibe ist, von dem leibfreien Erleben zwischen Tod und neuer Geburt alles dasjenige aufnehmen, was die oben geschilderten Erfahrungen der Seele in dem aus dem Denken gelösten Willenswirklichen mit Hilfe des aus dem Willen entbundenen Bewußtseins darbieten. Das von außen sich offenbarende Gefühlhafte der geistigen Welt kann erst erfahren werden durch den Eintritt in diese Welt selbst. – So sonderbar dies auch klingt; es stellt sich als ein Ergebnis des Erlebens in der geistigen Welt dar: die physische Welt ist für den Menschen zunächst als äußerer Tatsachenzusammenhang vorhanden; und ein Wissen von ihr erwirbt er, nachdem sie an ihn als solcher Tatsachenzusammenhang herangetreten ist; die geistige Welt schickt dagegen das Wissen von ihr voraus, und das von ihr in der Seele voraus entfachte Wissen ist die Leuchte, welche auf die geistige Welt hinstrahlen muß, auf daß diese selbst sich als Tatsache offenbaren kann. Wer dies in geistiger Anschauung erkennt, dem ist klar, daß während des Erden-Leibeslebens sich im Unbewußt-Verborgenen der Seele dieses Licht entwickelt, das dann nach dem Tode über die Gefilde der geistigen Welt hin leuchtet, und diese zu Erlebnissen der Menschenseele macht.

Man kann im Erden-Leibesleben das Wissen vom Zustande zwischen dem Tode und einer neuen Geburt beleben. Es ist ein Wissen von völlig entgegengesetztem Charakter dem gegenüber, das für das Leben in der physischen Welt entwickelt wird. Man erschaut durch dieses Wissen, was die Seele vollbringen wird zwischen Tod und neuer Geburt, weil man den Keim dessen in geistiger Anschauung vor sich hat, was zu dieser Vollbringung treibt. In der Anschauung dieses Keimes offenbart es sich, daß nach dem Ablegen des Leibes für die Seele ein Erleben eintritt, das schöpferisch verbunden mit der geistigen Welt in einer Tätigkeit sich entfaltet, die auf das künftige Erdenleben als auf seinen Zielpunkt so gerichtet ist, wie das Wahrnehmen im physischen Leibe im Erkennen – nicht schöpferisch, sondern – nachbildend auf die äußere Sinneswelt gerichtet ist. Das *Werden* des Menschen als Geistwesen im Zusammenhange mit der geistigen Welt liegt im Blickfelde der Seele, die zwischen Tod und neuer Geburt lebt, wie das *Sein* der Sinneswelt im Blickfelde des Leibesmenschen sich befindet. Die tätige Anschauung eines Werdens im Geiste kennzeichnet die Zustände zwischen Tod und neuer Geburt. (Im einzelnen diese Zustände zu schildern, kann nicht die Aufgabe dieses Aufsatzes sein; wer Einzelheiten sucht, findet sie in meiner «Theosophie» und «Geheimwissenschaft».)

Gegenüber dem Erleben im Leibe hat das geistige Erleben insoferne etwas völlig Ungewohntes, als für dieses Erleben die *Idee des Seins,* wie sie innerhalb der physischen Welt erworben wird, alle Bedeutung verliert. Es gibt im Geistigen nichts Seiendes wie in der physischen Welt. Im Geiste ist alles *Werden.* Das Einleben in eine geistige Umwelt ist ein Einleben in ein immerwährendes Werden. Dieser Unruhe des Werdens der geistigen Außenwelt steht aber gegenüber das Erleben des Innern, das sich als ruhendes Bewußtsein innerhalb der nie ruhenden Bewegung, in die es versetzt ist, wahrnimmt. Das erwachte geistige Bewußtsein muß sich in diese Umkehrung des inneren Erlebens gegenüber dem Bewußtsein, das im Leibe lebt, hineinfinden. Dadurch kann es sich ein wirkliches Wissen von einem leibfreien Erleben erringen. Und nur ein solches Wissen kann die Zustände zwischen Tod und neuer Geburt in seinen Bereich aufnehmen.

Das Vorhandensein von Erkenntniskräften, welche zur Wahrnehmung einer übersinnlichen Welt führen, wird in dem Augenblicke eine innere Lebenserfahrung, in dem man bewußt erlebt, was die Seele in Wahrheit vollbringt, wenn sie denkend, wollend und fühlend im gewöhnlichen Leben oder in der anerkannten Wissenschaft der Welt gegenübertritt. So lange die Seele in diesem gewöhnlichen Leben und in dieser Wissenschaft sich betätigt, bleibt ihr das eigene Vollbringen durchaus unbewußt. Dieses Unbewußte zum Bewußtsein bringen, führt unbedingt dazu, daß man dabei nicht stehen bleiben kann, sondern durch eine innere Seelenkraft weiter getrieben wird. Die Seele tritt gewissermaßen einen Schritt zurück von dem Gesichtspunkte, von dem aus sie gewöhnlich die Welt betrachtet; auf dem neuen Gesichtspunkte kann sie aber nicht stehen bleiben, denn ein inneres Leben ergreift sie, dem sie sich nicht entziehen darf, wenn sie wahrhaftig gegenüber sich selbst bleiben will.

Man nehme den folgenden Fall. Ein Mensch sinnt über eine derjenigen Fragen, welche eine gewisse Weltanschauung als über die Grenzen der menschlichen Erkenntnisfähigkeit hinausgehend betrachtet. Man kann in einem solchen Falle sich denkend mit sich selbst auseinandersetzen, und glauben, daß man durch diese Auseinandersetzung genötigt wird, zu sagen, bis hierher vermag der Mensch mit seinem Erkennen zu gehen; ein weiteres Vordringen in die Wirklichkeit ist nicht möglich. Man kann aber auch es gewissermaßen probeweise mit seinem Denken bis zum scharfen Erfahren desjenigen treiben, was die Seele erlebt, wenn sie sich so an diese Grenze stellt. Man muß dabei in innerer Ruhe die Kraft aufbringen, die Seelentätigkeit im Erfassen dieses Erlebnisses zum Stillstand zu bringen. Man wird dann erfahren, woran es liegt, daß man mit dem Denken nicht weiter kommt. Und diese Erfahrung offenbart demjenigen, dem sie zuteil wird, daß es nicht an dem Denken liegt, sondern an dem Umstande, daß das Denken durch die Leibeswerkzeuge ausgeübt wird, wenn er nun sich an eine Grenze gestellt findet. Die Abhängigkeit des gewöhnlichen Denkens von den Leibeswerkzeugen wird nun unmittelbare Seelenerfahrung. Die Geisteswissenschaft würde von der gegenwärtig herrschenden naturwissenschaftlichen Weltanschauung weniger befehdet, wenn diese in nötiger Unbefangenheit sich zu der Einsicht durchringen könnte, daß das erste Erlebnis des Geistesforschers eine volle Bestätigung dessen ist, was sie selbst behauptet: daß das gewöhnliche Vorstellen an die entsprechenden Leibeswerkzeuge so gebunden ist, wie die Schwerkraft an den Stoff. Nur ist für den Geistesforscher diese Einsicht nicht die Folge theoretischer Erwägungen, sondern ein schwerwiegendes Seelen-Erlebnis, das er macht, wenn er sich vollbewußt an die Grenze des gewöhnlichen Erkennens stellt. Man kann nun wohl das Stehen-Bleiben an dieser Grenze als in der Natur des Erkennens begründet finden, wenn man zu seiner Anerkennung durch theoretische Erwägungen gelangt ist; man kann dies aber nicht, ohne sich selbst zu täuschen, wenn man mit Bewußtsein sich an dieser Grenze innerlich lebend weiß. Denn bei diesem Erlebnis hängt es nur davon ab, ob man es lange genug in Seelenruhe festhalten kann, um die innere Offenbarung zu empfangen, daß sich nun das Denken aus seiner Gebundenheit an die Leibeswerkzeuge heraus löst und zu einer in sich lebendigen Wirklichkeit wird, gegenüber welcher sich alles, was an die Leibeswerkzeuge gebunden ist, nur noch als Zuschauer verhält. Es ergreift nunmehr das Denken ein Eigenleben, das es zu einer Wirklichkeit macht, die man im gewöhnlichen Leben und in der anerkannten Wissenschaft nicht beobachten kann. Man erlebt nunmehr den Unterschied zwischen dem gewöhnlichen Denken und dem in sich lebendigen Denken. Das gewöhnliche Denken gibt Abbilder von Wesen; es ist aber in sich so wenig eine Wirklichkeit, wie es ein Spiegelbild ist gegenüber dem abgespiegelten Gegenstande. Das lebendige Denken ist eine Wirklichkeit in sich selbst.

Hat man das Denken bis zum inneren Leben getrieben, dann weiß man aus der Seelen-Erfahrung heraus, was es heißt, den Übergang erleben von dem «Ich denke» zu dem

«Es denkt in mir». Dieser Übergang kann für niemand eine Wahrheit sein, der ihn nicht erlebt hat; ohne Erlebnis kann er nur eine Denk-Phantasie sein. Wird er aber erlebt, dann bleibt er nicht ohne Folge, wenn die Seele sich den Wahrnehmungen überläßt, die sich ergeben, so daß sie weiß, sie fügt zu ihnen nichts hinzu, was aus ihren an die Leibeswerkzeuge gebundenen Kräften hervorgeht. Sie muß es nur dahin gebracht haben, diesen Kräften Stillstand zu gebieten, so daß sie ohne deren Einmischung dasjenige verfolgen kann, was ohne sie vorgeht. – Es treten dann in die Seelen-Erfahrung herein wirkliche Gebilde, die sich aus dem Denken ergeben, wie die Blätter aus der Wurzel der Pflanze, die aber von den Inhalten des gewöhnlichen Denkens grundverschieden sind. Es findet sich im seelischen Blickfeld eine Wirklichkeit ein, die nicht mit irgendeinem Sinne geschaut werden kann, die auch nicht die geringste Ähnlichkeit hat mit irgendeiner Sinneswahrnehmung. Es gibt viele Arten, in denen so eine übersinnliche Wahrnehmung in das geistige Blickfeld der Seele eintritt. Es haben alle diese Arten das miteinander gemein, daß man in ihrer Wahrnehmung sich viel inniger mit der entsprechenden Wirklichkeit verbunden weiß, als durch eine äußere Wahrnehmung mit der durch sie vermittelten sinnlichen Wirklichkeit. Sie alle aber geben die Erkenntnis, daß im Menschen ein übersinnlicher Organismus lebt, der mit einer übersinnlichen Umwelt in einem ähnlichen Verhältnis steht wie der sinnliche Organismus zu der sinnlichen Umwelt. Nur ist die übersinnliche Umwelt eine in sich bewegte; die sinnliche im Verhältnis zu ihr eine zwischen Ruhe und Bewegung wechselnde. Derjenige Teil der eigenen menschlichen Wesenheit, der gleichartig mit der übersinnlichen Umwelt ist, sieht sich in deren

Bewegung eingesponnen. Wie dieses Verhältnis ist, das kann in folgender Art veranschaulicht werden. In der Umwelt des Menschen, auf welche dieser als sinnliches Wesen angewiesen ist, wechseln Tag und Nacht. Im menschlichen Erleben selbst wechseln die Zustände des Wachens und Schlafens. Es soll hier nicht auf eine Darstellung des Zusammenhanges zwischen den Weltzuständen Tag und Nacht und den Menschenzuständen Wachen und Schlafen eingegangen werden. Es wird aber kaum jemand leugnen wollen, daß die beiden Wechselzustände etwas miteinander zu tun haben, wenn der Mensch auch in seinem gegenwärtigen Entwicklungspunkte bis zu einem gewissen Grade für das Wechselverhältnis von Tag und Nacht sich in seinem Wachen und Schlafen unabhängig machen kann. In einem viel geringeren Grade kann von einer Unabhängigkeit gewisser Vorgänge im übersinnlichen Menschen-Organismus von der in sich bewegten übersinnlichen Umwelt gesprochen werden. Nur haben diese Vorgänge nichts zu tun mit demjenigen, was der Mensch in der gewöhnlichen Sinnes-Wirklichkeit durchlebt. Es sind vielmehr Vorgänge, welche sich zu dem Verlauf des Lebens zwischen Geburt und Tod (oder zwischen Empfängnis und Tod) so verhalten wie etwa die Vorgänge im physischen Organismus zu einem Tagesverlauf, vom Aufwachen bis zum Einschlafen. Es sind Vorgänge, durch die das Leben des physischen Organismus von einem Augenblick des Lebens in den andern während der ganzen physischen Lebenszeit hinübergetragen wird. Wer diese Vorgänge durch die gekennzeichnete innere Seelen-Erfahrung wahrnimmt, der weiß, daß ohne die Wirklichkeit, von welcher sie getragen sind, der physische Organismus in jedem Lebensaugenblicke das sein müßte, was er durch den physischen Tod wird, ein Zusammenhang von physischen und chemischen Stoffen und Kräften.

Es ist eine Welt von Bilde-Kräften, in welche man durch diese Seelen-Erfahrung das Bewußtsein hineingetragen hat. (Die Erkenntnis, die sich diese Welt erschließt, ist in meinem Buche «Wie erlangt man Erkenntnisse der höheren Welten?» die *«imaginative Erkenntnis»* genannt, weil in ihr ein Wahrnehmungsinhalt gegeben ist, der gewissermaßen Bilder zur geistigen Anschauung bringt, die doch nicht bloße Abbilder anderer Wesenheiten sind, wie die gewöhnlichen Gedanken, sondern in Leben-durchdrungener Bewegung befindliche Gebilde, die ihre eigene Wesenheit darstellen. In dem genannten Buche und in anderen meiner Schriften findet man auch nähere Angaben darüber, wie durch richtig ausgeführte Seelenverrichtungen der Mensch dazu gelangt, die Kraft zu den gekennzeichneten Seelen-Erfahrungen in sachgemäßer Art zu entwickeln und Selbsttäuschungen auszuschließen.) Das Einleben in diese Welt von Bilde-Kräften erfordert eine Anpassung der Seelen-Tätigkeit an Verhältnisse, die im gewöhnlichen Leben bewußt nicht vorhanden ist. In dieser Notwendigkeit einer Anpassung an ganz ungewohnte Verhältnisse liegen Schwierigkeiten, aus deren Vorhandensein es völlig erklärlich erscheint, daß der Geisteswissenschaft von vielen Seiten ablehnend gegenübergetreten wird. Man kann sagen, zur Auffassung einer Wirklichkeit, welche der imaginativen Erkenntnis sich offenbart, gehört es, den Augenblick zu erfassen. Denn, indem sie im Bewußtsein aufleuchtet, ist sie auch wieder aus demselben ausgetreten. Es ist in dieser Welt eben alles in fortwährender Bewegung. Aus dem gewöhnlichen Leben ist die Menschenseele aber daran gewöhnt, eine Vorstellung, die für sie eine Bedeutung haben soll, durch die eigene Willkür so lange festzuhalten, als es ihr zum Ergreifen dieser Bedeutung notwendig erscheint. Das kann sie mit dem Inhalte der imaginativen Erkenntnis nicht. Sie muß sich vielmehr darauf einrichten, ihn in seinem Werden zu ergreifen. Erst wenn sie ihn erfaßt und umgewandelt hat in eine gewöhnliche Vorstellung, kann er festgehalten werden. Man kann immer nur ein in das gewöhnliche Vorstellen gekleidetes Nachbild einer übersinnlichen Anschauung so in der Seele gegenwärtig haben, daß eine Erinnerung an sie möglich wird. – Damit ist aber keine Kennzeichnung des Wesenhaften gegeben, das sich durch die imaginative Erkenntnis offenbart, sondern nur eine solche des Verhältnisses der Seele zu dem Wahrgenommenen. Das Vorüberhuschende, Flüchtige der übersinnlichen Wahrnehmung darf nicht hindern, zu erkennen, was, davon ganz unabhängig, in dem Inhalte des Wahrgenommenen lebt. So wird der aus Bilde-Kräften gewobene übersinnliche Organismus des Menschen sich wohl nur in flüchtigen Eindrücken offenbaren. Was aber in diesen enthalten ist, läßt sich als ein in sich zusammenhängender, seine Wesenheit zusammenhaltender Bilde-Kraft-Leib erkennen, der allen Lebensvorgängen des Menschen von der Geburt bis zum physischen Tode zugrunde liegt. Durch diesen übersinnlichen Leib gehört der Mensch einer übersinnlichen Welt an, die ihn in jedem Augenblicke aus dem Bereich der physikalischen und chemischen Gesetze hinaushebt, in die sein physischer Organismus einverwoben ist.

Noch in einer anderen Beziehung ist die Menschenseele der imaginativen Erkenntnis nicht angepaßt. Sie bedarf nämlich zu dieser Erkenntnis einer besonderen Ausbildung derjenigen Gefühlskräfte, welche sich im gewöhnlichen Leben nur in solchen Fällen äußern, in denen ihr etwas sie Überraschendes, völlig Unerwartetes gegenübertritt. Mit einer solchen Erfahrung ist im gewöhnlichen Leben mehr oder weniger das Gefühl des Erschreckens verknüpft. Im Gleichgewichte kann dieses Gefühl durch die Erwerbung jener Seelenstimmung gehalten werden, welche die Geistesgegenwart bringt, um auch Unerwartetes mit Seelenruhe über sich ergehen zu lassen. Obwohl sich die übersinnlichen Erfahrungen der imaginativen Erkenntnis nicht so verhalten, wie das Sinnlich-Überraschende, so ist doch notwendig, daß die Seele alle solche Erfahrungen in diesem Seelen-Gleichgewichte empfängt. Die Ausbildung dieser Seelenstimmung ist notwendig, wenn diese Erfahrungen nicht entweder dem Unbewußten anheimfallen sollen, oder durch Einflüsse getrübt, verfälscht werden sollen, die aus dem gewöhnlichen Seelenleben in Form von Illusionen, Träumereien, Suggestionen, Erinnerungen usw. kommen.

Von wesentlicher Bedeutung ist, daß die Umwandlung der gewöhnlichen Gedanken in die Offenbarungen der imaginativen Erkenntnis sehr häufig sich so vollzieht, daß zwischen dem einen und dem andern eine längere Zeitspanne liegt. In dieser Zeitspanne ist das Seelenleben mit Dingen ausgefüllt, welche für das Bewußtsein nichts mit dem Umwandlungsvorgange zu tun haben. Der Verlauf ist dann der folgende: Man nimmt (meditierend) einen Gedanken auf, man versenkt sich in einen solchen, der den Keim zu einer Offenbarung durch imaginative Erkenntnis in sich trägt. Aber die ganze Seelen-Übung führt zunächst zu nichts. Das Leben geht weiter. Viel später stellt sich die Umwandlung in imaginative Erkenntnis erst ein. Sie kommt wie der Seele zugeflogen. In der Zwischenzeit kann sich dem Wesenhaften, das in der Umwandlung lebt, alles mögliche aus den unbewußten, oder trübe bewußten Untergründen des Seelen- und Leibeslebens beimischen, das aus der übersinnlichen Erfahrung eine völlige Phantasterei macht. In dieser Möglichkeit liegt es, daß Einwände gegen die übersinnliche Erfahrung so berechtigt erscheinen, die von seiten solcher Persönlichkeiten gemacht werden, denen das wirkliche Wesen solcher Erfahrungen doch unbekannt ist. Diese Persönlichkeiten können schwer verstehen, daß ein gesundes Seelenleben bei seinem Aufrücken von der sinnlichen zur übersinnlichen Erfahrung das volle Bewußtsein in sich so zur Entfaltung bringt, daß es Täuschung von Wirklichkeit unterscheiden lernt, wie man im gewöhnlichen Leben ein aus Papierstoff verfertigtes Tier von einem lebenden unterscheiden kann. Aber allerdings: diese Entfaltung des vollen Bewußtseins ist für die übersinnliche Erfahrung notwendig. Denn nur sie kann sich im imaginativen Erkennen so einstellen, daß sie an dem Unterschiede, der zwischen dem wirklich Übersinnlichen und dem Illusionären besteht, erkennt, was auszuschalten ist, weil es nur aus der Persönlichkeit kommt. Wer das Wesen des wahrhaft Übersinnlichen erfaßt hat, der kann nie eine Illusion, Halluzination, versteckte Erinnerung usw. für etwas Übersinnliches ansehen, weil das wahrhaft Übersinnliche eben ganz anderer Art ist, als alles, was aus dem gewöhnlichen Erleben heraus durch phantastische oder krankhafte Seelen- oder Leibesverfassung in den Bereich eines nicht voll entfalteten Bewußtseins drängt.

Nun offenbart dasjenige, das hier als Inhalt der imaginativen Erkenntnis geschildert worden ist, am Menschen nur ein solches Übersinnliches, das als geistige Bilde-Kräfte dem Leibesleben zugrunde liegt. Wer die imaginative Erkenntnis in sich entwickelt, der erwirbt damit zugleich ein Bewußtsein davon, daß das eigentlich Seelische in dem Inhalt dieser Erkenntnis noch nicht enthalten ist. Es muß dieses noch tiefer in den verborgenen Untergründen des Seelenlebens zur Entwickelung gebracht werden. Es sei hier wieder das Beispiel herangezogen, in dem der Geistesforscher durch Entfaltung von Gedanken, die ihn an die Grenze des gewöhnlichen Erkennens führen, einer Seelenverrichtung obliegt. Es ist damit nur ein Beispiel gegeben. Denn die Seelenverrichtungen, durch welche der Eintritt in die übersinnliche Erfahrung vermittelt wird, sind sehr mannigfaltige. Doch soll hier möglichst anschaulich geschildert werden; deshalb wird an ein besonderes Beispiel angeknüpft. Ist man in der Seelenverrichtung, die an die gewöhnliche Erkenntnisgrenze führt, ganz wahr gegen sich selber, so können in den folgenden Vorgang sich Selbsttäuschungen nicht einschleichen. Ruht nämlich die Seele in der Lage, in die sie ihre Gedanken an der bezeichneten Grenze gebracht haben, so dringen von den verschiedensten Seiten her andere Gedanken heran. Zu diesen Gedanken kommt man in ein ganz anderes Verhältnis, als man es im Denken des gewöhnlichen Lebens entwickelt. Da bringt man die Gedanken in ein Wechselspiel und läßt den einen durch den andern sich logisch tragen, berichtigen, widerlegen usw. Man ist sich bewußt, daß man in einem logischen Tatbestand sich bewegt, und daß die Gedanken nur logisch auf einander wirken. Dies wird anders, sobald man in dem oben gekennzeichneten Erlebnis steht. Man beginnt das Aufeinanderwirken der Gedanken als wirklichen Vorgang zu erleben, in dem man auf ähnliche Art darinnen steht, wie in dem moralischen Verhalten des gewöhnlichen Lebens. Der eine Gedanke muß nicht nur logisch angenommen, der andere ebenso abgewiesen werden, sondern mit wirklicher Kraft muß der eine aus gewissen Untergründen heraufgezogen, der andere gewissermaßen getilgt werden. Es tritt etwas ein, das sich damit vergleichen läßt, daß im gewöhnlichen Leben aus moralischen Gesichtspunkten die eine Handlung erlaubt, die andere nicht erlaubt erscheint. Man muß festhalten, daß es sich hier um einen Vergleich handelt. Aber die Sache ist doch so, daß im Bereiche des geistigen Erlebens die Seele aus dem bloß logischen Verhalten heraustritt und in ein Wirksames hineingestellt wird. Sie gelangt dazu, zu erkennen: auf dem Wege, auf dem du dich jetzt bewegst, ist der eine Gedanke nicht bloß richtig, sondern eine Wirklichkeit fördernd, der andere ist nicht bloß unrichtig, sondern etwas wirklich verderbend, vernichtend. – Nun ist noch nicht dies unmittelbare Erlebnis dasjenige, das auf dem Wege übersinnlicher Erkenntnis weiter führt. Dies versetzt die Seele zunächst in eine Art inneren Kampfzustandes, der in erschütternden Erlebnissen sich zum Ausdruck bringt. Es werden da die Erlebnisse, die man mit rechten Gedanken macht, zu Ereignissen, durch die sich die Seele innerhalb gewisser Grenzen wie in ihrem Wesen verwandelt fühlt; was im gewöhnlichen Erleben nur zu Zweifeln führt, wird hier zu inneren tief wirkenden Schicksalstatsachen des seelischen Erfahrens. – Und doch ist dies alles nur der Ausgangspunkt dessen, was in übersinnlicher Erkenntnis weiter führt. Es muß dazu kommen ein Seelenvorgang in solchen Bereichen des menschlichen Erlebens, die im gewöhnlichen Leben gar nicht mittätig sind, die ganz im Unbewußten liegen bleiben. Eine innere Verdichtung des Seelenlebens tritt ein, ein sich Durchdringen mit Kräften, die sie vorher in dunklen Untergründen gelassen hat. Ist in diesen innerseelischen Vorgängen die Reifung eingetreten, dann tritt in das Bewußtsein der Inhalt eines Seelenlebens, das den Bilde-Kraft-Leib durchsetzt. Man lernt dieses Seelenleben als etwas kennen, das seiner Wesenheit nach in entgegengesetzter Richtung wirkt wie die Kräfte des Bilde-Kraft-Leibes. Diese Kräfte suchen, zum Beispiele, die physischen und chemischen Kräfte des Leibes mit ihrem Wesen zu durchdringen und sie nach einer gewissen Richtung hinzuordnen; die eigentlich seelischen Kräfte wirken diesem Vorgang entgegen; sie suchen die Bildekräfte von dem physischen Leibe loszulösen. In dem Maße, in dem sie sie loslösen, durchdringen sie den Bilde-Kräfte-Leib mit ihrer eigenen Wesenheit. Dieser Vorgang muß fortwährend stattfinden, wenn das menschliche Leben seiner Wesenheit gemäß verlaufen soll. Der Bilde-Kräfte-Organismus ist wie in einer hin und her schwingenden Bewegung, schwebend zwischen einem Hinneigen zu den physischen und chemischen Vorgängen des Leibes und zwischen einem Durchdrungenwerden von dem Seelischen. – Hat man durch ein solches Seelen-Erlebnis sich zum Bewußtsein gebracht, wie die Seele sich verhält zu dem physischen und dem Bilde-Kraft-Organismus, so erkennt man auch ihr wahres Wesen, das von beiden unterschieden ist. Der wirkliche Vorgang, an dem dies erkannt wird, läßt sich mit dem Vorgange des Aufwachens vergleichen. Aufgewacht fühlt sich die Seele aus einem Zustand, in den keine Erinnerung zurückreicht, in einen solchen versetzt, in dem das bewußte Tagesleben mit seinem Vorstellen, Fühlen und Wollen verläuft. Ist die Seele dazu gelangt, sich in ihrem in sich verdichteten Erleben zu erkennen, wie es durch die oben gekennzeichneten Seelen-Erfahrungen ermöglicht wird, so ist sie in der Lage, auch Erlebnisse zu haben, von denen sie durch unmittelbare Wahrnehmung weiß, daß der physische und Bilde-Kräfte-Organismus daran keinen Anteil haben. Sie erkennt auch, daß dasjenige Bewußtsein, das sich mit Hilfe dieser Organismen entwickelt, sich zu dem übersinnlich Erlebten nicht anders verhalten kann wie es sich im Augenblicke des Aufwachens verhält zu dem im Schlafe vorgegangenen. Das heißt, man hat es mit übersinnlichen Erlebnissen zu tun gehabt, welche durch das gewöhnliche Bewußtsein nicht entwickelt werden können, sondern welche von demselben aus einem andern Bewußtsein herübergenommen werden müssen. So hat man den «zweiten Menschen» in sich gefunden, der einer übersinnlichen Welt angehört, und der nur Gegenstand eines Bewußtseins werden kann, das sich in einer jenseits des physischen und des Bilde-Kräfte-Leibes gelegenen Welt erschaut. (Die in solcher Art unabhängig vom physischen aber auch vom Bilde-Kräfte-Organismus gewonnenen Erkenntnisse einer übersinnlichen Welt sind in meinen oben genannten Büchern die *«inspirierten Erkenntnisse»* genannt.)

Erst durch diese Erkenntnisart ist es möglich, in das Wesen der Wechselzustände zwischen Schlafen und Wachen sowie in dasjenige des Lebens der Menschenseele zwischen dem Tode und einer neuen Geburt einzudringen. Dem gewöhnlichen Wachbewußtsein kommt der Zustand der Seele während des Schlafes nur durch das verworrene Leben des Traumes in das Blickfeld. Es ist diesem Bewußtsein aber unmöglich, das Wesen des Traumes zu erkennen. Diese Erkenntnis wird erst möglich, wenn durch die inspirierte Erkenntnis das innere Wesen des Schlafes der übersinnlichen Beobachtung zugänglich wird. Der Augenblick des Aufwachens stellt sich für diese Erkenntnis in anderer Art dar als für das gewöhnliche Bewußtsein. Er offenbart sich als ein Hereinnehmen des seelischen Wesens aus einer rein geistigen Welt, in der es vom Einschlafen bis zum Aufwachen ist, in den physischen und den Bilde-Kräfte-Organismus. Diesen Organismen wird gewissermaßen das Seelische im Aufwachen eingeatmet, im Einschlafen ausgeatmet. Es kann für diese Erkenntnis, wenn sie genügend in sich gefestigt ist, auch das seelische Leben, das im Schlafe unabhängig vom physischen und Bilde-Kräfte-Organismus verbracht wird, in das gewöhnliche Leben herüberleuchten. Dann wird es sich aber grundverschieden darstellen von dem gewöhnlichen verworrenen Traumleben. Man wird erkennen, daß dieses eine für die übersinnliche Erkenntnis belanglose Umgestaltung des eigentlichen im Schlafe verbrachten Seelenlebens durch den physischen und den Bilde-Kräfte-Organismus ist. Diese Organismen fangen gewissermaßen in ihr Wesen das unabhängige Seelenleben ein und kleiden es in die Erinnerungs- oder Phantasievorstellungen, die dem durch sie vermittelten persönlichen Leben entnommen sind.

Was durch die inspirierte Erkenntnis über das unabhängige Seelenleben sich offenbart, läßt durchschauen, daß sich mit der durch Vererbungsstoffe und Kräfte von der physischen Vorfahrenschaft überkommenen Organisation des Menschen sein geistiges Wesen verbindet, das vorher in einer geistigen Welt ein geistiges Dasein geführt hat. Und es ermöglicht diese Erkenntnis auch, das Wesen des physischen Todes zu durchschauen. Tritt dieser Tod ein, so löst sich der physische Organismus von dem Seelischen und dem Bilde-Kräfte-Organismus. Während des Lebens zwischen Geburt und Tod kann das Seelische niemals mit dem Bilde-Kräfte-Organismus allein verbunden sein ohne den physischen Leib. Denn da ist die Anziehungskraft, welche die beiden Organismen auf einander ausüben, größer als diejenige des Seelischen zum Bilde-Kräfte-Organismus. Erst wenn mit dem Tode der physische Organismus beginnt, seinen eigenen Gesetzen zu folgen, bleibt der Bilde-Kräfte-Organismus in dem Bereich des Seelischen zurück. Die Kraft, mit welcher das Seelische nunmehr diesen Organismus hält, ist dieselbe, mit welcher durch sie die Erinnerungen an das im physischen Dasein Erlebte aus den Untergründen der Seele heraufgeholt werden. Es findet deshalb in der Zeit, durch welche hindurch die Seele den Bilde-Kräfte-Organismus festhalten kann, eine zur Einheit zusammengefaßte Erinnerungs-Rückschau über das beschlossene physische Leben statt. Es würde nun den Umfang eines Aufsatzes weit überschreiten, sollte von den mannigfaltigen Verrichtungen gesprochen werden, welchen sich das Zusammenwirken von inspirierter und imaginativer Erkenntnis unterziehen muß, um zu Vorstellungen darüber zu kommen, wie lange die Seele durch ihre eigene Kraft, ohne die Unterstützung des physischen Organismus, den Bilde-Kräfte-Organismus festhalten kann. Es soll nur als Ergebnis mitgeteilt werden, daß sich diese Zeitdauer bei verschiedenen Personen verschieden stellt, daß sie aber nur wenige Tage ist. Nach Verlauf derselben befindet sich die Menschenseele in einem Zustand, der nur für das inspirierte Bewußtsein zugänglich ist. Es ist ihr dieses Bewußtsein aber selbst eigen, wenn auch in einer anderen Form als diejenige ist, die der Geistesforscher für die übersinnliche Erkenntnis während des Lebens im Leibe entwickelt.

Mit dem durch den Tod abgeschlossenen Erdenleben bleibt die Seele nach der Trennung vom Bilde-Kräfte-Organismus verbunden. Die Verbindung ist eine seelische. Es handelt sich zunächst darum, die in der Seele vorhanden gebliebenen Ergebnisse des Erdendaseins dem Leben in der geistigen Welt anzupassen. Die Ergebnisse der inspirierten Erkenntnis führen zu der Vorstellung, daß diese Anpassung Jahrzehnte dauert. Erst nach Ablauf dieser Zeit ist die Seele in ihrem eigenen geistigen Elemente, in dem sie auf geistige Art die lange Zeit durchlebt, deren Ergebnis dazu führt, ein neues Erdenleben aufzunehmen. Über einen Teil des Lebens in diesem Elemente gelangt die inspirierte Erkenntnis zu folgenden Vorstellungen. – Die physische Wissenschaft führt dazu, anzuerkennen, daß die Eigenschaften eines Menschen gewissermaßen eine Zusammenziehung von Eigenschaften seiner physischen Vorfahren sind. Die Begriffe, durch welche die Naturwissenschaft in das physische Wesen der Vererbung einzudringen sucht, werden von der Geisteswissenschaft ebenso wenig angefochten, sondern voll anerkannt wie andere naturwissenschaftliche Vorstellungen (Geisteswissenschaft ist mit Naturwissenschaft im vollen Einklange, was nicht oft genug gesagt werden kann, da die Gegner der Geisteswissenschaft immer wieder mit Einwendungen zur Hand sind, ohne eigentlich zu wissen, wovon sie reden und ohne zu durchschauen, daß der Geistesforscher ihre Einwände kennt, aber daneben allerdings auch deren Mangel an beweisender Kraft). Nun ist die vom physischen Organismus unabhängige Seele zwischen Tod und neuer Geburt nicht unverbunden mit der physischen Welt. Sie ist vielmehr mit den Verhältnissen, welche durch lange Geschlechterfolgen hindurch die Vorfahren ihres neuen physischen Erdenleibes zusammenführen, verbunden. Wie die Seele im physischen Dasein mit dem eigenen Leibe verbunden ist, so ist sie übersinnlich verbunden mit den Gesetzen, nach denen sich eine Geschlechterfolge bildet, die zuletzt zu dem Elternpaare führt, das diese Seele in ein neues Erdendasein trägt. Und sie ist ein Teil der Kräfte, welche in diesen Gesetzen wirken. Man kann deshalb sagen: ein Mensch ererbt gewisse Eigenschaften, weil er sich das Wesen dieser Vererbung selbst mitvorbereitet. Selbstverständlich sind seine Kräfte nicht allein in den die Vererbungsverhältnisse bestimmenden Kräften der Geschlechterfolge tätig. Doch dies braucht ja nur gesagt zu werden, weil durch die Nicht-Erwähnung billige Einwände hervorgerufen werden können. Erheblicher ist es aber, zu betonen, daß diese Mitwirkung zu den Vererbungsverhältnissen nur ein geringer Teil des Lebensinhaltes der Seele in der Zeit zwischen Tod und neuer Geburt sein kann. Es ergibt sich so für die inspirierte Erkenntnis das Hereinwirken des Lebens zwischen dem Tode und einer neuen Geburt in das neue physische Erdenleben. Es wirken die Kräfte der geistigen Welt aus der Zeit vor der Geburt (oder der Empfängnis) in den Verlauf des Erdenlebens in alles dasjenige hinein, was durch die innere Wesenheit des Menschen bestimmt erscheint.

Ein anderes als dieser durch die innere Wesensart des Menschen hervorgerufene Lebensverlauf ist dasjenige, was mit dem Worte Schicksal umfaßt wird. Im Schicksal ist inbegriffen, was das Leben durch das Herankommen äußerer Verhältnisse bestimmt. In das Wesen des Schicksals kann weder die imaginative noch die inspirierte Erkenntnis einen Einblick gewinnen. Um Vorstellungen über das Schicksal zu erringen, ist notwendig, daß die inspirierte Erkenntnis den Augenblick abwartet, in dem ohne Selbsttäuschung die übersinnliche Erkenntnis selbst ein vollwertiges Schicksals-Erlebnis des Menschen wird. Der Augenblick ist dann gekommen, wenn durch alle vorangegangenen Seelenverrichtungen das Gefühlsleben so verdichtet ist, daß die gewonnene Erkenntnis als Schicksals-Ereignis alles andere zu übertönen vermag, was im Leben sonst an Schicksals-Einschlägen möglich ist. Es muß von vorneherein zugegeben werden, daß in der Beurteilung dessen, was hier gemeint ist, dem Menschen unermeßliche Gefahren der Selbsttäuschung, der Unwahrhaftigkeit gegen sich selbst entgegenstehen. Getilgt können diese nur werden, wenn die vorangegangenen Seelen-Verrichtungen ihn so vorbereitet haben, daß er diesen Gefahren nicht unbewußt gegenübersteht, sondern daß er sie gewissermaßen vollwirklich vor sich sieht. – Die Verdichtung des Seelenlebens, die sich auf diese Art ergibt, trägt in dieses zu der imaginativen und inspirierten Erkenntnis die «intuitive» hinzu. Durch sie ist es möglich, Vorstellungen darüber zu gewinnen, wie aus vorangegangenen Erdenleben auf geistige Art Kräfte herüberwirken in das gegenwärtige, die sich in dem Schicksal offenbaren. Der *imaginativen Erkenntnis* ist zugänglich der Zusammenhang von Bilde-Kräften, welche das Leibesleben des Menschen von der geistigen Welt aus ordnen. Der *inspirierten Erkenntnis* offenbaren sich die Kräfte, welche aus dem Leben zwischen dem Tode und einer neuen Geburt in das seelische Leben des Erdendaseins hereinwirken. Der *intuitiven Erkenntnis* sind Vorstellungen möglich über das

Herüberwirken von Kräften aus verflossenen Erdenleben in den Schicksalsverlauf. Das Wesen dieser Kräfte soll hier durch einen etwas groben Vergleich angedeutet werden. Ein Erlebnis des physischen Daseins erschöpft sich nicht in demjenigen, was von ihm dem Erleben im physischen Dasein zugänglich ist. Seine Wirkung ist eine viel umfänglichere als das so Erlebte. Es geschieht auf die Seele eine Wirkung, die zunächst unbewußt bleibt. Diese Wirkung verharrt aber in der Seele. Sie erzeugt in derselben etwas, das sich eben grob vergleichen läßt mit einem leeren Raum im Umfang der Seelenkräfte. Es wird diese «Leerheit» des Seelischen durch den Tod und durch das Leben zwischen dem Tode und einer neuen Geburt hindurchgetragen und ist weiter vorhanden im neuen Erdenleben. Da verhält es sich seelisch-geistig – wieder ein grober Vergleich – wie sich ein Raum, aus dem die Luft ausgepumpt ist, verhält zu seiner Umgebung, wenn in seinem Umfassungsgefäß eine Öffnung angebracht wird. Der leere Raum saugt die ihn umgebende Luft in sich. So saugt die «Leerheit» in der Seele die Verhältnisse herbei, die in das Schicksalsgewebe eingreifen. Und da die Wirkung solcher «Leerheiten» der Seele vorhanden ist seit ihrem Entstehen in einem Erdenleben, so ist die Möglichkeit gegeben, daß durch die Seele selbst ein Zusammenhang geschaffen wird zwischen den Erlebnissen der aufeinanderfolgenden Erdenläufe. Die Seele gibt sich unter dem Einflusse der vorangegangenen Erdenleben aus ihrem geistigen Leben zwischen Tod und neuer Geburt die Richtung nach denjenigen Erdenverhältnissen, deren Beschaffenheit das folgende Schicksal mit dem vorangegangenen ursächlich verknüpft. Die Kräfte, welche in dieser Richtung wirken, vereinigen sich mit denen, welche in der vorher geschilderten Art das Erdenleben vom Innern des Menschen heraus bestimmen, oder sie durchkreuzen auch diese für eines oder mehrere Erdenleben. Die Zusammenhänge des Lebens, die sich dadurch ergeben, sind naturgemäß schwer in Kürze zu schildern, weil sie fast unüberschaubar mannigfaltig sind. Doch wird ein Verständnis der dargestellten Vorstellungen, die nur allgemeine Gesichtspunkte geben, jedem einen genug bestimmten Begriff vor die Seele treten lassen, wie zum Beispiele die Art der Begegnung mit einem Menschen und alles, was damit zusammenhängt, die Folge sein kann des Zusammenseins mit demselben Menschen in vorangegangenen Erdenleben.

Wer vermeint, daß Vorstellungen dieser Art unvereinbar seien mit dem Vorhandensein der menschlichen Freiheit, der lebt in demselben Denkfehler, in dem sich derjenige befindet, welcher glaubt, von dieser Freiheit könne nicht gesprochen werden, weil durch das Leben in der physischen Welt der Mensch doch den Notwendigkeiten des Essens, des Schlafens usw. unterworfen ist. Freiheit wird durch die übersinnlichen Notwendigkeiten so wenig ausgeschlossen wie durch die sinnlichen.

ANMERKUNGEN ZU DIESER AUSGABE

(GA = Rudolf Steiner Gesamtausgabe)

zu Seite

10 *Robert Zimmermann,* 1824–1898; vergl. auch das III. Kapitel in Rudolf Steiner «Mein Lebensgang, GA Bibl.-Nr. 28.

12 *Die Mystik im Aufgange des neuzeitlichen Geisteslebens...* (1901); GA Bibl.-Nr. 7. Taschenbuch 623.

13 *Helena Petrowna Blavatsky,* 1831–1891, gründete 1875 mit H. S. Olcott die Theosophische Gesellschaft in New York. Hauptwerk: «The Secret Doctrine», London 1887–1897; deutsch: «Die Geheimlehre», Leipzig 1898–1906.

Annie Besant, 1847–1933, wurde nach dem Tode des ersten Präsidenten Olcott 1907 Präsidentin der Theosophischen Gesellschaft. Werke: «Uralte Weisheit», «Esoterisches Christentum» (beide Leipzig 1922) etc.

14 *in dramatischen Darstellungen:* Vergl. Rudolf Steiner «Vier Mysteriendramen», GA Bibl.-Nr. 14. Taschenbuch 607 und 608.

20 *Wie erlangt man Erkenntnisse der höheren Welten?* (1904), GA Bibl.-Nr. 10. Taschenbuch 600.

29 *wichtige Versuche:* Siehe die später erfolgte Publikation von Moritz Benedikt, «Ruten- und Pendellehre», Wien und Leipzig 1917.

40 *in seiner Rektoratsrede:* Laurenz Müllner, 1848–1911, «Die Bedeutung Galileis für die Philosophie»; Inaugurationsrede, gehalten am 8. November 1894 in Wien; abgedruckt in «Die Drei» XVI. Jahrg. 1933/34, S. 29 ff. Siehe auch Rudolf Steiner «Mein Lebensgang», VII. Kap. und «Vom Menschenrätsel», GA Bibl.-Nr. 20, 1957, S. 147.

45 *wie Giordano Bruno vor die Menschheit treten mußte:* Siehe «Vom Unendlichen, dem All und den Welten», Deutsch von Rudolf Kuhlenbeck, Berlin 1904, Vierter Dialog, S. 117 ff.

50 *Ignaz Paul Xital Troxler,* 1780–1866; die «Vorlesungen über Philosophie» wurden durch F. Eymann 1942 neu herausgegeben.

51 *Immanuel Hermann Fichte,* 1797–1879.

52 *Theosophie. Einführung in übersinnliche Welterkenntnis und Menschenbestimmung* (1904); GA Bibl.-Nr. 9, Taschenbuch 615.

54 *Carl Ludwig Schleich,* 1859–1922; Arzt und Schriftsteller, Freund Strindbergs.

56 *Karl von Bardeleben,* 1849–1918; Anatom, Professor in Jena.

Goethes Weltanschauung (1897); GA Bibl.-Nr. 5, Taschenbuch 625.

66 *Konrad Deubler,* 1814–1884; vergl. «Konrad Deubler. Tagebücher, Biographie und Briefwechsel des oberösterreichischen Bauernphilosophen», herausg. von A. Dodel-Port, 2 Bände Leipzig 1886.

Heinrich Zschokke, 1771–1848; Schriftsteller, Staatsmann und Pädagoge.

68 *Emil Du Bois-Reymond,* 1818–1896, «Über die Grenzen des Naturerkennens», Leipzig 1872.

70 *Herman Grimm,* 1828–1901; Kultur- und Kunsthistoriker, seit 1872 Professor für Kunstgeschichte in Berlin.

«Längst hatte, in seinen Jugendjahren schon ...»; Zitiert nach Herman Grimm «Goethe. Vorlesungen, gehalten an der Kgl. Universität zu Berlin», 8. Aufl., Stuttgart u. Berlin 1903, 2. Band, 23. Vorlesung, S. 171f.

80 *Gustav Theodor Fechner,* 1801–1887, Naturwissenschafter und Philosoph.

81 *daß einsichtige Pädagogen gesagt haben:* Siehe Jean Paul (1763–1825) in «Levana oder Erziehungslehre», Cotta Stuttgart und Tübingen 1845, S. XXVII.

90 *Eduard von Hartmann,* 1842–1906. Vergl. hierzu auch den Aufsatz Rudolf Steiners: «Eduard von Hartmann. Seine Lehre und seine Bedeutung» in «Methodische Grundlagen der Anthroposophie 1884–1901. Gesammelte Aufsätze zur Philosophie, Naturwissenschaft, Ästhetik und Seelenkunde», GA Bibl.-Nr. 30, 1961, S. 288 ff.

92 *Unter den vielen Erwiderungsschriften:* «Das Unbewußte vom Standpunkt der Physiologie und Descendenztheorie. Eine kritische Betrachtung des naturphilosophischen Teiles der Philosophie des Unbewußten», Berlin 1872.

93 *Oscar Hertwig,* 1849–1922; sein Werk «Das Werden der Organismen» erschien 1916.

95 *Thomas von Aquino,* 1225–1274; siehe auch Rudolf Steiner «Die Philosophie des Thomas von Aquino», GA Bibl.-Nr. 74, Taschenbuch 605.

99 *Die Sache ist oft erzählt worden:* Siehe Rudolf Steiner «Prakische Ausbildung des Denkens», Sonderdruck aus GA Bibl.-Nr. 108.

der berühmte Komponist des «Freischütz»: Karl Maria von Weber, 1786–1826.

101 *in einer vor kurzem erschienenen Broschüre:* W. Joss, «Moderne Mystik und freies Christentum», Separatabdruck aus der Schweiz. theol. Zeitschrift (Zürich) XXVIII. Jahrg. 1916, Heft 2/3 u. 4.

106 *Theodor Ziehen,* 1863–1950, «Leitfaden der physiologischen Psychologie. 15 Vorlesungen», 5. Aufl. Jena 1900, S. 1.

107 *Franz Brentano,* 1838–1917, «Psychologie vom empirischen Standpunkte», Leipzig 1874, S. 20.

107 *Wie erlangt man Erkenntnisse . . .»:* Siehe Hinweis zu S. 20.

in meiner «Geheimwissenschaft»: «Die Geheimwissenschaft im Umriß», GA Bibl.-Nr. 13, 1968, Kapitel «Die Erkenntnis der höheren Welten», S. 299 ff. Taschenbuch 601.

LITERATURHINWEISE

Zur Weiterführung und Vertiefung der Darstellungen des vorliegenden Bandes sei auf folgende Ausgaben von Rudolf Steiner verwiesen:

Schriften

Goethes Weltanschauung. GA Bibl.-Nr. 6

Die Mystik im Aufgange des neuzietlichen Geisteslebens und ihr Verhältnis zur modernen Weltanschauung. GA Bibl.-Nr. 7. Taschenbuch 623.

Das Christentum als mystische Tatsache und die Mysterien des Altertums. GA Bibl.-Nr. 8, Taschenbuch 619.

Theosophie. Einführung in übersinnliche Welterkenntnis und Menschenbestimmung. GA Bibl.-Nr. 9, Taschenbuch 615.

Wie erlangt man Erkenntnisse der höheren Welten? GA Bibl.-Nr. 10, Taschenbuch 600.

Philosophie und Anthroposophie. Gesammelte Aufsätze 1904–1918. GA Bibl.-Nr. 35 (enthält auch die in dieser Taschenbuchausgabe gedruckten Schriften)

Der Goetheanum-Gedanke immitten der Kulturkrisis der Gegenwart. Aufsätze aus der Wochenschrift «Das Goetheanum» 1921–1925. GA Bibl.-Nr. 36

Vorträge

Die Erkenntnis des Übersinnlichen in unserer Zeit und deren Bedeutung für das heutige Leben. Dreizehn Vorträge, Berlin 11. Oktober 1906 bis 26. April 1907 und Köln 1. Dezember 1906. GA Bibl.-Nr. 55

Die Erkenntnis der Seele und des Geistes. Fünfzehn Vorträge, Berlin und München 10. Oktober 1907 bis 14. Mai 1908. GA Bibl.-Nr. 56

Was wollte das Goetheanum und was soll die Anthroposophie? Elf Vorträge April 1923 bis Mai 1924 in versch. Städten Mitteleuropas. GA Bibl.-Nr. 84

Das Leben zwischen dem Tode und der neuen Geburt im Verhältnis zu den kosmischen Tatsachen. Zehn Vorträge. Berlin 5. November 1912 bis 1. April 1913. GA Bibl.-Nr. 141

Inneres Wesen des Menschen und Leben zwischen Tod und neuer Geburt, Sechs Vorträge, Wien 9.–14. April 1914, mit zwei vorangegangenen öffentlichen Vorträge, Wien 6. und 8. April 1914. GA Bibl.-Nr. 153

Wie erwirbt man sich Verständnis für die geistige Welt? Das Einfließen geistiger Impulse aus der Welt der Verstorbenen. Sieben Vorträge, gehalten 1914 an verschiedenen Orten. GA Bibl.-Nr. 154

Der Baugedanke des Goetheanum. Vortrag, Bern 29. Juni 1921, mit zahlreichen Abbildungen des ersten Goetheanum. GA Bibl.-Nr. 290

RUDOLF STEINER – LEBEN UND WERK

Das Lebenswerk, welches Rudolf Steiner der Nachwelt hinterlassen hat, dürfte nach Gehalt und Umfang innerhalb der Kulturwelt wohl ohne Beispiel dastehen. Seine Schriften – die Werke und Aufsätze – bilden die Grundlage für das, was er im Laufe seines Lebens in Vorträgen und Kursen seinen Zuhörern als «anthroposophisch orientierte Geisteswissenschaft» von immer neuen Aspekten aus darstellte und ausführte. Der größte Teil dieser rund sechstausend Vorträge ist in Nachschriften erhalten geblieben. Daneben entfaltete er auch auf künstlerischem Gebiet eine große Tätigkeit, welche ihren Höhepunkt in der Errichtung des ersten Goetheanumbaues in Dornach fand. So liegen eine große Anzahl malerischer, plastischer und architektonischer Arbeiten, Entwürfe und Skizzen von seiner Hand vor. Die durch ihn gegebenen Anregungen für die Erneuerung zahlreicher Lebensgebiete beginnen in der gegenwärtigen Zeit vermehrte Beachtung zu finden.

Seit dem Jahre 1956 wird durch die «Rudolf Steiner-Nachlaßverwaltung» an der Herausgabe der *«Rudolf Steiner Gesamtausgabe»* gearbeitet, die einen Umfang von etwa 330 Bänden erhalten wird. In den beiden ersten Abteilungen erscheinen die *Schriften* und das *Vortragswerk*, während in einer dritten Abteilung das *künstlerische Werk* in geeigneter Form zur Wiedergabe gelangt.

Einen systematischen Überblick über das Gesamtwerk gibt die 1961 erschienene Bibliographie: *«Rudolf Steiner. Das literarische und künstlerische Werk. Eine bibliographische Übersicht»*, auf welche sich die im folgenden verwendete Bezeichnung «Bibl.-Nr.» bezieht. Über den jeweiligen Stand der erschienenen Bände orientiert der Katalog des «Rudolf Steiner Verlages».

Chronologischer Lebensabriß
(zugleich Übersicht über die geschriebenen Werke)

1861 Am 27. Februar wird Rudolf Steiner in Kraljevec (damals Österreich-Ungarn, heute Jugoslawien) als Sohn eines Beamten der österreichischen Südbahn geboren. Seine Eltern stammen aus Niederösterreich. Er verlebt seine Kindheit und Jugend an verschiedenen Orten Österreichs.

1872 Besuch der Realschule in Wiener-Neustadt bis zum Abitur 1879.

1879 Studium an der Wiener Technischen Hochschule: Mathematik und Naturwissenschaft, zugleich Literatur, Philosophie und Geschichte. Grundlegendes Goethe-Studium.

1882 Erste schriftstellerische Tätigkeit.

1882–1897 Herausgabe von Goethes Naturwissenschaftlichen Schriften in Kürschners «Deutsche National-Literatur», vier Bände. Eine selbständige Ausgabe der Einleitungen erschien 1925 unter dem Titel *Goethes Naturwissenschaftliche Schriften* (Bibl.-Nr. 1).

1884–1890 Privatlehrer bei einer Wiener Familie.

1886 Berufung zur Mitarbeit bei der Herausgabe der großen Goethe «Sophien-Ausgabe».
Grundlinien einer Erkenntnistheorie der Goetheschen Weltanschauung mit besonderer Rücksicht auf Schiller (Bibl.-Nr. 2).

1888 Herausgeber der «Deutschen Wochenschrift», Wien (Aufsätze daraus in Bibl.-Nr. 31). Vortrag im Wiener Goethe-Verein: *Goethe als Vater einer neuen Ästhetik* (in Bibl.-Nr. 30).

1890–1897 Weimar. Mitarbeit am Goethe- und Schiller-Archiv. Herausgeber von Goethes Naturwissenschaftlichen Schriften.

1891 Promotion zum Doktor der Philosophie an der Universität Rostock. 1892 erscheint die erweiterte Dissertation: *Wahrheit und Wissenschaft. Vorspiel einer Philosophie der Freiheit* (Bibl.-Nr. 3).

1894 *Die Philosophie der Freiheit. Grundzüge einer modernen Weltanschauung. Seelische Beobachtungsresultate nach naturwissenschaftlicher Methode* (Bibl.-Nr. 4).

1895 *Friedrich Nietzsche. Ein Kämpfer gegen seine Zeit* (Bibl.-Nr. 5).

1897 *Goethes Weltanschauung* (Bibl.-Nr. 6).
Übersiedlung nach Berlin. Herausgabe des «Magazin für Literatur» und der «Dramaturgischen Blätter» zusammen mit O. E. Hartleben. (Aufsätze daraus in Bibl.-Nrn. 29–32.) Wirksamkeit in der «Freien literarischen Gesellschaft», der «Freien dramatischen Gesellschaft», im «Giordano Bruno-Bund», im Kreis der «Kommenden» u. a.

1899–1904 Lehrtätigkeit an der von W. Liebknecht gegründeten Berliner «Arbeiter-Bildungsschule».

1900/01 *Welt- und Lebensanschauungen im 19. Jahrhundert,* 1914 erweitert zu: *Die Rätsel der Philosophie* (Bibl.-Nr. 18). Beginn der anthroposophischen Vortragstätigkeit auf Einladung der Theosophischen Gesellschaft in Berlin. *Die Mystik im Aufgange des neuzeitlichen Geisteslebens* (Bibl.-Nr. 7).

1902–1912 Aufbau der Anthroposophie. Regelmäßige öffentliche Vortragstätigkeit in Berlin und ausgedehnte Vortragsreisen in ganz Europa. Marie von Sivers (ab 1914 Marie Steiner) wird seine ständige Mitarbeiterin.

1902 *Das Christentum als mystische Tatsache und die Mysterien des Altertums* (Bibl.-Nr. 8).

1903 Begründung und Herausgabe der Zeitschrift «Luzifer», später «*Lucifer-Gnosis*» (Aufsätze in Bibl.-Nr. 34).

1904 *Theosophie. Einführung in übersinnliche Welterkenntnis und Menschenbestimmung* (Bibl.-Nr. 9).

1904/05 *Wie erlangt man Erkenntnisse der höheren Welten?* (Bibl.-Nr. 10). *Aus der Akasha-Chronik* (Bibl.-Nr. 11). *Die Stufen der höheren Erkenntnis* (Bibl.-Nr. 12).

1910 *Die Geheimwissenschaft im Umriß* (Bibl.-Nr. 13).

1910–1913 In München werden die *Vier Mysteriendramen* (Bibl.-Nr. 14) uraufgeführt.

1911 *Die geistige Führung des Menschen und der Menschheit* (Bibl.-Nr. 15).

1912 *Anthroposophischer Seelenkalender. Wochensprüche* (in Bibl.-Nr. 40, und selbständige Ausgaben). *Ein Weg zur Selbsterkenntnis des Menschen* (Bibl.-Nr. 16).

1913 Trennung von der Theosophischen und Begründung der Anthroposophischen Gesellschaft.
Die Schwelle der geistigen Welt (Bibl.-Nr. 17).

1913–1923 Errichtung des in Holz als Doppelkuppelbau gestalteten ersten Goetheanum in Dornach/Schweiz.

1914–1923 Dornach und Berlin. In Vorträgen und Kursen in ganz Europa gibt Rudolf Steiner Anregungen für eine Erneuerung auf vielen Lebensgebieten: Kunst, Pädagogik, Naturwissenschaften, soziales Leben, Medizin, Theologie. Weiterbildung der 1912 inaugurierten neuen Bewegungskunst «Eurythmie».

1914 *Die Rätsel der Philosophie in ihrer Geschichte als Umriß dargestellt* (Bibl.-Nr. 18).

1916–1918 *Vom Menschenrätsel* (Bibl.-Nr. 20). *Von Seelenrätseln* (Bibl.-Nr. 21). *Goethes Geistesart in ihrer Offenbarung durch seinen «Faust» und durch das Märchen «Von der Schlange und der Lilie»* (Bibl.-Nr. 22).

1919 Rudolf Steiner vertritt den Gedanken einer «Dreigliederung des sozialen Organismus» in Aufsätzen und Vorträgen, vor allem im süddeutschen Raum. *Die Kernpunkte der sozialen Frage in den Lebensnotwendigkeiten der Gegenwart und Zukunft* (Bibl.-Nr. 23). *Aufsätze über die Dreigliederung des sozialen Organismus* (Bibl.-Nr. 24). Im Herbst wird in Stuttgart die «Freie Waldorfschule» begründet, die Rudolf Steiner bis zu seinem Tode leitet.

1920 Beginnend mit dem Ersten anthroposophischen Hochschulkurs finden im noch nicht vollendeten Goetheanum fortan regelmäßig künstlerische und Vortragsveranstaltungen statt.

1921 Begründung der Wochenschrift «Das Goetheanum» mit regelmäßigen Aufsätzen und Beiträgen Rudolf Steiners (in Bibl.-Nr. 36).

1922 *Kosmologie, Religion und Philosophie* (Bibl.-Nr. 25). In der Silvesternacht 1922/23 wird der Goetheanumbau durch Brand vernichtet. Für einen neuen in Beton konzipierten Bau kann Rudolf Steiner in der Folge nur noch ein erstes Außenmodell schaffen.

1923 Unausgesetzte Vortragstätigkeit, verbunden mit Reisen. Zu Weihnachten 1923 Neubegründung der «Anthroposophischen Gesellschaft» als «Allgemeine Anthroposophische Gesellschaft» unter der Leitung Rudolf Steiners.

1923–1925 Rudolf Steiner schreibt in wöchentlichen Folgen seine unvollendet gebliebene Selbstbiographie *Mein Lebensgang* (Bibl.-Nr. 28) sowie *Anthroposophische Leitsätze* (Bibl.-Nr. 26), und arbeitet mit Dr. Ita Wegman an dem Buch *Grundlegendes für eine Erweiterung der Heilkunst nach geisteswissenschaftlichen Erkenntnissen* (Bibl.-Nr. 27).

1924 Steigerung der Vortragstätigkeit. Daneben zahlreiche Fachkurse. Letzte Vortragsreisen in Europa. Am 28. September letzte Ansprache zu den Mitgliedern. Beginn des Krankenlagers.

1925 Am 30. März stirbt Rudolf Steiner in Dornach.

RUDOLF STEINER GESAMTAUSGABE

Überblick über das literarische und künstlerische Werk

Erste Abteilung: Die Schriften

I. *Werke*

Goethes Naturwissenschaftliche Schriften, eingeleitet und kommentiert von R. Steiner, 5 Bände (Bibl.-Nr. 1a–e); separate Ausgabe der Einleitungen (Bibl.-Nr. 1)
Grundlinien einer Erkenntnistheorie der Goetheschen Weltanschauung (Bibl.-Nr. 2)
Wahrheit und Wissenschaft. Vorspiel einer «Philosophie der Freiheit» (Bibl.-Nr. 3)
Die Philosophie der Freiheit (Bibl.-Nr. 4)
Friedrich Nietzsche, ein Kämpfer gegen seine Zeit (Bibl.-Nr. 5)
Goethes Weltanschauung (Bibl.-Nr. 6)
Die Mystik im Aufgange des neuzeitlichen Geisteslebens und ihr Verhältnis zur modernen Weltanschauung (Bibl.-Nr. 7)
Das Christentum als mystische Tatsache und die Mysterien des Altertums (Bibl.-Nr. 8)
Theosophie. Einführung in übersinnliche Welterkenntnis und Menschenbestimmung (Bibl.-Nr. 9)
Wie erlangt man Erkenntnisse der höheren Welten? (Bibl.-Nr. 10)
Aus der Akasha-Chronik (Bibl.-Nr. 11)
Die Stufen der höheren Erkenntnis (Bibl.-Nr. 12)
Die Geheimwissenschaft im Umriß (Bibl.-Nr. 13)
Vier Mysteriendramen: Die Pforte der Einweihung – Die Prüfung der Seele – Der Hüter der Schwelle – Der Seelen Erwachen (Bibl.-Nr. 14)
Die geistige Führung des Menschen und der Menschheit (Bibl.-Nr. 15)
Anthroposophischer Seelenkalender (in Bibl.- Nr. 40)
Ein Weg zur Selbsterkenntnis des Menschen (Bibl.-Nr. 16)
Die Schwelle der geistigen Welt (Bibl.-Nr. 17)
Die Rätsel der Philosophie in ihrer Geschichte als Umriß dargestellt (Bibl.-Nr. 18)
Vom Menschenrätsel (Bibl.-Nr. 20)
Von Seelenrätseln (Bibl.-Nr. 21)
Goethes Geistesart in ihrer Offenbarung durch seinen «Faust» und durch das «Märchen von der Schlange und der Lilie» (Bibl.-Nr. 22)
Die Kernpunkte der sozialen Frage in den Lebensnotwendigkeiten der Gegenwart und Zukunft (Bibl.-Nr. 23)
Aufsätze über die Dreigliederung des sozialen Organismus und zur Zeitlage 1915–1921 (Bibl.-Nr. 24)

Kosmologie, Religion und Philosophie (Bibl.-Nr. 25)

Anthroposophische Leitsätze (Bibl.-Nr. 26)

Grundlegendes für eine Erweiterung der Heilkunst nach geisteswissenschaftlichen Erkenntnissen. Von Dr. Rudolf Steiner und Dr. Ita Wegman (Bibl.-Nr. 27)

Mein Lebensgang (Bibl.-Nr. 28)

II. *Gesammelte Aufsätze*

Gesammelte Aufsätze zur Dramaturgie 1889–1900 (Bibl.-Nr. 29)

Methodische Grundlagen der Anthroposophie. Gesammelte Aufsätze zur Philosophie, Naturwissenschaft, Ästhetik und Seelenkunde 1884–1901 (Bibl.-Nr. 30)

Gesammelte Aufsätze zur Kultur- und Zeitgeschichte 1887–1901 (Bibl.-Nr. 31)

Gesammelte Aufsätze zur Literatur 1886–1902 (Bibl.-Nr. 32)

Biographien und biographische Skizzen 1894–1905 (Bibl.-Nr. 33)

Luzifer-Gnosis. Grundlegende Aufsätze zur Anthroposophie und Berichte aus der Zeitschrift «Luzifer» und «Lucifer-Gnosis» 1903–1908 (Bibl.-Nr. 34)

Philosophie und Anthroposophie. Gesammelte Aufsätze 1904–1918 (Bibl.-Nr. 35)

Der Goetheanumgedanke inmitten der Kulturkrisis der Gegenwart. Gesammelte Aufsätze aus der Wochenschrift «Das Goetheanum» 1921–1925 (Bibl.-Nr. 36)

III. *Veröffentlichungen aus dem Nachlaß*

Briefe – Wahrspruchworte – Bühnenbearbeitungen – Entwürfe zu den Vier Mysteriendramen 1910–1913 – Anthroposophie. Ein Fragment aus dem Jahre 1910 – Gesammelte Skizzen und Fragmente – Aus Notizbüchern und -blättern (Bibl.-Nrn. 38–47)

Zweite Abteilung: Das Vortragswerk

I. *Öffentliche Vorträge*

Die Berliner öffentlichen Vortragsreihen («Architektenhaus-Vorträge») 1903/04–1917/18 (Bibl.-Nrn. 51–67)

Öffentliche Vorträge, Vortragsreihen und Hochschulkurse an anderen Orten Europas 1906–1924 (Bibl.-Nrn. 68–84)

II. *Vorträge vor Mitgliedern der Anthroposophischen Gesellschaft*

Vorträge und Vortragszyklen allgemein-anthroposophischen Inhalts – Evangelien-Betrachtungen – Christologie – Geisteswissenschaftliche Menschenkunde – Kosmische und menschliche Geschichte – Die geistigen Hintergründe der sozialen Frage – Der Mensch in seinem Zusammenhang mit dem Kosmos – Karma-Betrachtungen (Bibl.-Nrn. 91–244)

Vorträge und Schriften zur Geschichte der anthroposophischen Bewegung und der Anthroposophischen Gesellschaft (Bibl.-Nrn. 251–263)

III. *Vorträge und Kurse zu einzelnen Lebensgebieten*

Vorträge über Kunst: Allgemein-Künstlerisches – Eurythmie – Sprachgestaltung und Dramatische Kunst – Musik – Bildende Künste – Kunstgeschichte (Bibl.-Nrn. 271–292)

Vorträge über Erziehung (Bibl.-Nrn. 293–311)

Vorträge über Medizin (Bibl.-Nrn. 312–319)

Vorträge über Naturwissenschaft (Bibl.-Nrn. 320–327)

Vorträge über das soziale Leben und die Dreigliederung des sozialen Organismus (Bibl.-Nrn. 328–341)

Vorträge für die Arbeiter am Goetheanumbau (Bibl.-Nrn. 347–354)

Dritte Abteilung: Das künstlerische Werk

Reproduktionen und Veröffentlichungen aus dem künstlerischen Nachlaß

Originalgetreue Wiedergaben von malerischen und graphischen Entwürfen und Skizzen in Kunstmappen oder als Einzelblätter

---

Die Bände der Rudolf Steiner Gesamtausgabe sind innerhalb einzelner Gruppen einheitlich ausgestattet. Jeder Band ist einzeln erhältlich. Ausführliche Verzeichnisse können beim Verlag angefordert werden.